THÈSE POUR LE DOCTORAT

4691

F.

46107

FACULTÉ DE DROIT DE PARIS

DE

LA COLLATIO

EN DROIT ROMAIN

ET DU

 RAPPORT

EN DROIT FRANÇAIS

THÈSE POUR LE DOCTORAT

PAR

J. E. VRAINE

L'acte public sur les matières ci-après sera soutenu
le Jeudi 12 Juin 1873, à Midi,

EN PRÉSENCE DE M. L'INSPECTEUR GÉNÉRAL CH. GIRAUD.

PRÉSIDENT : M. BONNIER.

SUFFRAGANTS :

MM. VALETTE.	
DEMANTE.	PROFESSEURS
GÉRARDIN.	
BOISSONNADE.	AGRÉGÉ

PARIS

Anciennes Maisons GUSTAVE RETAUX et Veuve JOUBERT
F. PICHON, LIBRAIRE-ÉDITEUR
14, rue Cujas 14

1873

DROIT ROMAIN

—

DE LA COLLATIO.

(*De Collatione*, Dig. liv. 37, tit. 6. — *De dotis collatione*, D. liv. 37, tit. 7. — *De Collationibus*, Code, liv. 6, tit. 20).

—

INTRODUCTION

La *collatio bonorum* n'a lieu que dans l'ordre des descendants. Elle a son origine dans le droit prétorien qui l'a introduite comme complément des innovations par lesquelles il avait corrigé l'injustice du vieux droit civil de la loi des Douze Tables. Nous savons que d'après cette loi, le père de famille avait la liberté la plus absolue dans le droit de disposer de son patrimoine. « *Uti legassit super pecunia tutelave suæ rei, ita jus esto* ». Les enfants eux-mêmes n'avaient aucun moyen de protection contre un droit si exorbitant. Ils étaient exclus de l'hérédité paternelle par cela seul que le père avait institué un étranger. Mais à une époque que l'on ne peut préciser nettement, les jurisconsultes leur donnèrent une première satisfaction. Ils commencèrent par exiger que le père de famille qui testait, exhérédât formellement ceux

                                              1.

qui étaient *in potestate,* les *sui,* s'il voulait les écarter de sa succession. Ils avaient pensé que celui-ci serait peut-être retenu par un reste d'affection, au moment suprême. Si l'exhérédation n'avait pas eu lieu, le testament était *injustum,* et l'enfant omis pouvait tantôt invoquer le *jus accrescendi,* tantôt venir à la succession *ab intestat, jure civili,* ou même *jure prætorio* par la *bonor. poss. contr. tab.,* s'il le préférait. Les prudents allèrent plus loin encore. Ils en vinrent à décider que le testateur ne devait exhéréder que pour une juste cause. S'il avait exhérédé *sine justa causa,* le *suus* pouvait diriger contre l'institué une action spéciale, la *querela inofficiosi testamenti,* ou plainte d'inofficiosité. Quant aux enfants sortis de la famille par une *minima capitis deminutio,* la législation civile ne s'en était pas occupé. Ce fut le préteur qui imposa au testateur l'obligation de les instituer ou de les exhéréder, et sanctionna ses réformes par la *bonor. poss. contr. tab.* Voilà pour le cas d'une hérédité testamentaire.

Si le défunt était mort *intestat,* la loi des Douze Tables appelait en première ligne les héritiers siens, après, les agnats, et en troisième lieu, les *Gentiles.* Des émancipés il n'en était pas encore question. Mais de même qu'en cas de succession testamentaire le préteur était venu au secours des émancipés non exhérédés au moyen de la *bonor. poss. contr. tab.,* de même il leur accorda ici la *bonor. poss. unde liberi,* pour leur permettre de venir en concours avec les *sui,* et en l'encontre des agnats. Toutefois les deux *bon. poss.* dont nous venons de parler ne furent pas accordées sans restriction. Elles auraient en effet abouti à un résultat inique. et le préteur était trop équitable pour le permettre. Les enfants sortis de la famille avaient pu du jour même de l'émancipation acquérir un patrimoine personnel. Au contraire, les enfants restés dans la *domus* avaient continué d'acquérir pour le *paterfamilias*. Leurs acquisitions étaient venues grossir la succession paternelle, et au moment du partage ce qu'ils avaient ainsi gagné profitait et à eux-mêmes et aux autres qui s'étaient soustraits à la puissance paternelle. En conséquence les émancipés qui virent à la succession du père de famille furent obligés de *conferre*, d'apporter à la masse commune ce qu'ils avaient gagné depuis leur émancipation, afin que le partage se fît entre tous. C'est ce qui s'appelle *collatio bonorum*. Comme on le voit cette *collatio* n'était pas un rapport, dans le sens où nous l'entendons aujourd'hui, puisque les émancipés ne remettaient pas dans le patrimoine commun des biens qui en étaient sortis, mais leurs biens propres. Il n'y a que le droit du Code et des Novelles qui nous montrera une nouvelle institution appelée encore *collatio*, institution basée sur l'idée d'égalité et se rapprochant de notre droit. Disons toutefois que, dans le droit des Pandectes lui-même, cette idée d'égalité n'avait pas été inaperçue des jurisconsultes. La *collatio dotis* que nous étudierons n'est, dans certains cas, pas autre chose qu'un véritable rapport.

D'après cela, notre division va de soi. Nous examinerons dans une première partie le droit classique, et, dans une seconde, le droit du Code et des Novelles.

PREMIERE PARTIE

DROIT CLASSIQUE.

CHAPITRE PREMIER

§ 1er. — Dans quels cas a lieu la collatio bonorum.

A cet égard voici comment s'exprime Ulpien : *Inter eos
dabitur collatio quibus possessio data est.* (L.1, § 1, D. 37, 6).
Elle a lieu dans les *bonor. poss.* déférées aux descendants.
Nous verrons plus tard à quelles conditions. Et nous ne distinguerons pas entre la *bonor. poss.* testamentaire ou *ab
intestat*, la *bonor. poss. contrà tabulas* ou *unde liberi*.
(L. 1re, D. pr. eod. tit.). Ainsi pour être tenu de *conferre*, il
faut être *bonorum possessor.* De là il suit que la *collatio* ne
sera pas due toutes les fois que l'émancipé se présentera à la
succession du père de famille sans invoquer la qualité précédente; c'est ce que suppose le § 6 de la loi première, à notre
titre : *Vel maxime autem tunc emancipatum conferre non
oportet, si etiam judicium patris meruit : nec quicquam
amplius nanciscitur, quam ei pater dedit* (Voy. encore L. 6,
D. 37, 7). Dans cette espèce le fils vient à la succession,

comme le ferait un étranger, sans le secours du préteur ; c'est la volonté du père qui l'y appelle ; et voilà pourquoi il ne sera pas obligé à *conferre*. Cependant ajoutons tout de suite que le contraire aurait lieu, si le père en avait fait une condition de son institution, (1 1, C. 6, 20.) et si la circonstance suivante se présentait : un fils émancipé a été institué héritier tandis qu'un autre enfant *suus* a été omis. Nous savons que, dans ce dernier cas, l'omission donnait le droit de demander la *bonor. poss.* non seulement à l'enfant omis, mais à l'autre institué, en vertu de ce principe que la *bonor. poss. cont. tab.* est donnée *contrà lignum*. Cela posé, si l'émancipé s'en tient à ce que lui distribue le testament, il n'aura pas à *conferre*. Si, au contraire, il demande la *bonor. possess.* et obtient par là un avantage plus considérable, il y sera tenu, parce qu'alors il aura besoin de la fiction prétorienne, la rescision de la *capitis deminutio*, pour venir à l'hérédité (l. 3, D. 37, 7. l. 1, § 6, D. 37, 6).

L'émancipé institué est donc dispensé de la *collatio*. Nous trouvons une application de cette idée dans la loi 6, *de dotis collat.* qui est du jurisconsulte Papinien. Un père a institué héritier son fils émancipé, et exhérédé sa fille qui par la *querela inofficiosi testamenti* a obtenu la moitié de l'hérédité. Le frère ne doit pas *conferre*, parce que les affranchissements sont maintenus ; ce qui veut dire que la *querela* ne fait pas ici crouler complètement l'institution et que le fils reste toujours héritier pour une portion, en vertu du testament du père. Ce cas, remarquons-le en passant, est une des exceptions à la règle. *Nemo partim testatus, partim intestatus....* (l. 15, § 2, D. 5, 2).

Cependant un texte de Gaius semble faire échec à cette

théorie : *Filia in adoptionem data et heres instituta debet, sicut emancipata, non solum bona sua, sed et dotem quæ ad eam pertinere poterit, conferre : si adhuc pater adoptivus vivit, hic necesse habebit conferre* (l. 2, D. 37, 7). On dit : Si la fille donnée en adoption doit la *collatio*, comme la fille émancipée, c'est donc que celle-ci la doit en principe ; et alors que reste-t-il de cette idée que l'émancipé est dispensé de *conferre*? La réponse à faire se trouve dans les deux textes que nous avons cités plus haut. Nous pouvons supposer que la fille a été instituée par le père avec obligation de la *collatio* (L. 1, C. 6, 20), ou que, non contente de la part pour laquelle elle a été instituée en concours avec d'autres *sui*, elle obtient la *bonor. poss.* pour une part plus forte : *aucta portione ejus dicendum erit collationis munere fungi.* (l. 3, D. 37, 7; l. 1, § 6, D. 37, 7).

§ 2. — Qui doit la collatio ?

Le principe est celui-ci : tous ceux que le préteur a assimilés aux héritiers siens doivent *conferre* ; il serait donc inexact de le restreindre aux émancipés. Ainsi la *collatio* sera due par le petit enfant émancipé par l'aïeul et venant à la succession du père resté en puissance ; inversement par le petit enfant retenu en puissance et appelé à la succession du père émancipé ; (l. 6, § 2 et l. 7, D. 37, 4 ; l. 5. § 1, D. 38, 6; l. 9, D. 37, 6), et encore par le petit enfant né après l'émancipation du père, et arrivant à la succession de l'aïeul, en cas de prédécès du premier (l. 6, pr. D. 37, 4 ; l. 2, pr. 37, 6). Même décision, pour l'enfant adopté succédant au père naturel parce qu'il a été émancipé par son père adoptif;

mais il faudra pour cela que l'émancipation ait précédé la mort du père naturel : « *Quod ideo sic placuit*, dit Justinien, *quia iniquum erat esse in potestate patris adoptivi, ad quos bona naturalis patris pertinerent, utrum ad liberos ejus, an ad adgnatos.* » (Voy. G. C. 2, § 137.)

L'adopté encore *in adoptivá familiá* n'a pas, excepté l'hypothèse où il a été donné en adoption à un ascendant, (L. 3, § 6, 7, 8. D. 37, 4.) la *bon. poss.* C. tab. ou *unde liberi* sur les biens du père naturel. Cependant s'il est institué par celui-ci et qu'un *suus* omis demande la *bon. poss.* C. tab., les lois 8, § 11, D. 37. 14 ; 1, § 4, 37, 6, nous disent qu'il a une option : il peut se contenter de la part pour laquelle il a été institué ou demander, lui aussi, la *bon. poss. C. tab.* Seulement s'il prend ce dernier parti et qu'il recueille une part plus forte que celle qu'il aurait recueillie en vertu du testament, il devra la *collatio*, dans la mesure de l'augmentation. Ce n'est pas lui qui la fera, mais *is qui eum habet*, dit le texte de la loi 1, § 14 à notre titre, c. a. d., le père adoptif sous la puissance duquel il se trouve. Quelle sera l'étendue de cette obligation ? Les textes ne l'indiquent pas ; elle comprendra probablement les biens acquis par l'intermédiaire du fils adoptif et qui, sans la circonstance de l'adoption, auraient été acquis au père naturel. Et dans la même loi Ulpien ajoute plus loin : *sed ita demum adoptivus emancipatus collatione fratres privabit si sine fraude hoc factum sit.* Ceci a besoin de quelques développements. Le père adoptif émancipant l'adopté avant d'avoir demandé la *bon. poss.*, ne doit aucune collatio ; il est trop clair qu'il a conservé définitivement les biens acquis par l'intermédiaire de l'adopté ayant l'émancipation. Maintenant l'adopté devenu *sui juris* la devra-t-il ?

Pas d'avantage : à la mort du *de cujus*, son père naturel, il n'avait rien en propre, puisqu'il était sous la puissance du père adoptif, et, comme nous le verrons plus loin, il n'aurait même pas à rapporter les acquisitions faites entre le jour de son émancipation et celui où la *bon. poss.* lui est donnée. De là un grave préjudice pour les émancipés. C'est ce qui nous explique les expressions du texte. L'émancipation pour produire dispense de rapport doit avoir été faite sans fraude ; il y aurait fraude si le père adoptif se réservait un moyen quelconque de reprendre l'émolument de la succession. (*Voy. Cujas, ad hanc legem.*)

A cette hypothèse nous pouvons ajouter celle du *principum* de la loi 5, à notre titre : un homme a émancipé son fils et retenu son petit fils sous sa puissance. Postérieurement à son émancipation le fils a eu une fille, *heres sua* ; puis il vient à mourir. Le préteur admet à sa succession tous ses enfants à quelque époque qu'ils soient nés ; par conséquent l'aieul, qui profit de la *bon. poss.* accordé à son petit fils, devra la *collatio* des biens qu'il a acquis par son intermédiaire, à moins qu'il ne l'émancipe sans fraude : *et esse similem ei qui adoptavit*, dit le jurisconsulte. Et la fille *heres sua* ne peut se plaindre de l'émancipation, car elle retrouvera plus tard dans la succ. de son aieul, à laquelle elle viendra en concours avec son frère, les biens dont elle est aujourd'hui privée. Au reste, ce n'est là qu'un motif de second ordre et qui ne saurait s'appliquer en matière d'adoption. La raison, nous l'avons donnée sur la loi première § 14 *de coll. bon.*, c'est que l'aieul, comme le père adoptif, renonçant à bénéficier de la succession, ne doit pas être soumis au rapport (Pothier, Pandect. Liv. 38, tit. 6. art. 2.)

§ 3. — A qui est due la collatio ?

La *collatio* est due aux *sui* qui souffrent du concours de l'émancipé : *Toties igitur collationi locus est, quoties aliquo incommodo affectus est is. qui in potestate est, interventu emancipati ; ceterum si non est, collatio cessabit.* (L. 1, § 5, D. 37, 6 ; l. 3, § 1 ; l. 3, § 3 ; l. 1, § 2. D. 37, 6.) Voici quelques hypothèses : un homme qui a deux fils, l'un en puissance, l'autre émancipé, exhérède le premier, omet le second, et institue un étranger. Celui-ci répudiant le testament, les deux frères arrivent à la succession *ab intestat.* L'émancipé ne devra pas le rapport au *suus*, car si l'institué n'a pas fait adition, c'est qu'il prévoyait que l'émancipé pouvait faire tomber le testament par la *b. poss. c. tab.* La présence de ce dernier, loin de nuire au *suus*, lui cause un avantage, puisqu'elle lui fait recouvrer la qualité d'héritier sien que l'exhérédation lui avait fait perdre. (L. 20. § 5, D. 37, 4.) Un père, après avoir passé sous silence son fils émancipé, institue pour uue part inférieure à la moitié un autre enfant qu'il a gardé sous sa puissance. Cette omission donne ouverture à la *bon. poss. C. tabul.* par laquelle chacun des enfants obtient la moitié de l'hérédité. Même décision que pour l'espèce précédente ; il n'y aura pas de *collatio* parce que la présence de l'émancipé n'aura pas nui au *suus*.

Nous avons posé comme principe au commencement de cette étude que la *collatio* a lieu entre *bonorum possessores.* Nous avons à nous demander maintenant si les jurisconsultes sont toujours restés fidèles à cette idée. Il semble bien que non, d'après ce texte de Scévola : *si filius in potestate heres*

institutus adeat, et emancipato petente bonorum possessio-
nem contra tabulas ipse non petat: nec conferendum est
ei : et ita edictum se habet. Voilà l'explication rigoureuse de
l'édit ; mais Scévola ajoute immédiatement : *sed magis*
sentio, ut quemadmodum pro parte hereditatem retinet eo
jure quod bonorum possessionem petere posset, ita et con-
ferri ei debeat : utique cum injuriam per bonorum posses-
sionem patiatur. Ainsi, d'après lui, l'héritier sien venant
jure civili à la succession en vertu d'une qualité qui lui
permettrait également de demander la *bonor. poss.* a droit à
la *collatio*, par cela seul qu'il éprouve un préjudice. (l. 10,
D, 37, 6.)

Fabre (*De errorib. Pragmatic. déc.* 40, *err.* 10) a soutenu
que la fin de cette loi était une interpolation de Tribonien,
interpolation destinée à mettre le texte en harmonie avec les
nouveaux principes de notre institution dans le Bas-Empire.« Je
« ne doute pas du tout, dit-il, que la fin de la loi à partir de
« ces mots *sed magis* ne soient de Tribonien ; car comme dans
« les mots précédents «*nec conferendum est ei*», le juriscon-
« sulte n'exprime pas l'opinion des autres, mais la sienne, je
« ne vois pas pour quelle raison,et après cette opinion confir-
« mée par l'édit, il douterait et de l'édit et de lui-même. »
Ce raisonnement ne suffit pas pour écarter la décision de
Scevola. N'arrive-t-il pas souvent qu'on substitue l'esprit de
la loi à son texte? Nous en avons vu un exemple sur la loi 20,
§ 1, D. 36, 4, *de Tryphoninus.*

Ce n'est pas tout : Fabre invoque encore la loi 1r°, § 8 ;
du même titre. Julien supposant qu'un *suus* est mort avant
d'avoir obtenu la *bonor. poss.* se pose la question de savoir
si son héritier peut demander la *collatio* ; il répond que non

parce que dans ce cas la *bonn. poss.* n'est pas admise ; d'où
il suit que la *collatio* est une conséquence de la *bon. poss.*,
que l'une ne saurait aller sans l'autre. Et de même, la loi 1,
§ 1. D. 37, 6 d'Ulpien : *Inter eos, dabitur collatio quibus
possessio data est.* Sans doute, dans ces textes, la *collatio* est
présentée comme la conséquence de la loi *bonor. poss.* Nous
ne prétendons pas le contraire ; seulement cela ne prouve
pas que Scévola n'ait pu s'écarter de la lettre de l'édit. Au
reste, on pourrait à la rigueur, présenter cette conciliation:
Il était de principe que quand un individu mourait sans
avoir obtenu la *bonor. poss.* le droit de la demander ne passait pas à son héritier. Julien, lui, s'écarte de l'opinion commune, du moins en ce qu'il n'accorde pas à l'héritier du
suus la *bonor. possessio*, mais l'émolument attaché à ce titre
(l. 5, *de bon. poss. cont. tab.*), jusqu'à concurrence de la
part pour laquelle son auteur a été institué : *pro eâ parte
quâ heres scriptus sit qui in potesteslate erat: non tamen
ultra virilem* (l. 1, § 8, à notre tit.). De plus, il lui refuse le
droit de demander la *collatio* à l'émancipé. Cela se comprend ; c'était déjà déroger aux principes que d'accorder à
l'héritier du *suus* le bénéfice d'une qualité qu'il n'avait pas ;
il était impossible d'aller plus loin, en lui permettant
d'exiger le rapport. Mais cette décision prouve-t-elle que
Julien n'aurait pas été de l'avis de Scévola, si l'émancipé
s'était trouvé en présence du *suus* lui-même ?

Quelques interprètes ont été plus loin. Généralisant la décision de Scévola, ils ont dit que le *suus* héritier *jure civili*
pourrait exiger la *collatio* de l'émancipé, toutes les fois qu'il
éprouverait un préjudice par suite de sa présence. Ainsi un
homme, ayant deux enfants dont un émancipé, vient à mou-

rir *intestat*. Le *suus* se contente de son titre d'héritier sien,
et l'émancipé obtient la *bonor. poss. unde liberi*. Ou bien
encore, c'est un *suus* institué qui se trouve en présence
d'un émancipé exhérédé. L'héritier sien s'étant immiscé,
l'émancipé intente la *querela* et triomphe. Dans ces deux
hypothèses l'émancipé devra *conferre* parce qu'il vient
à la succession *jure prætorio*. C'est en effet le préteur
qui accorde la *querela inoffic. testam.* aux enfants émancipés exhérédés sans juste cause. Il y a donc toujours
la même raison de décider que sur la loi 10. Il est vrai que
le *suus* n'a pas la *bonor. poss.*; mais qu'est-ce cela fait ? Scévola ne suppose-t-il pas précisément que ce dernier s'en tient
à son titre d'héritier du droit civil ?

Cette doctrine n'a pas été admise par Cujas. Le grand inter-
prète restreint la loi 10 au cas qu'elle prévoit. La raison
qu'il donne est celle-ci : « *Quia inter fratres tum demum
collationi locus est, quum eodem jure veniunt ad bona patris, puta, omnes per bonorum poss. unde lib., vel etiam
per querelam inofficiosi testamenti, extraneis heredibus
scriptio, et in totum rescisso testamento per querelam, non
etiam collationi locum esse, si diverso jure veniunt ad bona
patris* (l. 20, § 1, *de bon. poss. contr. tab.*) ». Il cite encore
la loi 1, § 1, 8, D. 37, 6, et la loi 7, D. 37, 7. Ce dernier texte
dit positivement que la fille ne doit pas la *collatio* de sa dot
à ses frères, parce qu'ils viennent *diverso jure*.

On a insisté pourtant. On a dit que la loi 6 ne fournissait pas
un argument décisif. L'hypothèse qu'elle prévoit est différente.
Si l'émancipé n'est pas tenu de *conferre*, c'est qu'il se trouve
dans une circonstance déjà écartée ; il vient à l'hérédité en
vertu de la volonté du père, tandis que Scévola, dans notre

loi 10, se réfère à l'hypothèse où le fils *suus* a été institué héritier et l'émancipé passé sous silence. La loi 7 qui suit ne prouve pas d'avantage. Il y est traité de la *collatio* de la dot due par la fille *sua* à ses frères. A quels frères ? A ses frères émancipos évidemment. Or, à l'époque classique, le point de savoir si la *collatio* était due dans cette circonstance était très-douteuse. Paul le résout négativement, dans son opinion. Quant à la loi 20, liv. 37, tit. 4, il en a été question. Oui, on ne peut nier que le jurisconsulte refuse la *collatio* parce que les frères n'ont pas la même *bonor. poss.*; — toutefois, ceci est à remarquer, — sa principale raison de décider est que la présence de l'émancipé a été avantageuse au *suus*. Ces raisons sont très-fortes : nous hésitons cependant à les admettre. Il semble en effet, dif M. Accarias, que le motif donné par le jurisconsulte résiste à une pareille extension de sa doctrine. (*Accarias*, Précis de *dr. Rom.* t. 2, § 98).

Il est de principe que si l'émancipé a négligé de demander la *bon. poss. unde lib.*, les *sui* la *bon. poss. unde lib.* et *unde legit.*, tous peuvent venir à la succession par la *bonor. poss. unde cognati.* Dans ce cas, l'émancipé devra-t-il *conferre* à ses frères ? Certainement, d'après Vinnius (*Jurisp. de coll.* ch, 4, n° 10, 11), car il y a toujours un préjudice pour les *sui.* Il est vrai que les enfants succèdent comme cognats, mais leur qualité d'enfant ne disparaît pas pour cela. Ce qui prouve, c'est que le préteur leur accorde le délai d'un an pour demander la *bon. poss.* et non celui de cent jours donné aux simples cognats. Le délai d'un an était spécial aux successibles en ligne directe. (l. 4. § 1, D. 37, 5. Voyez encore l. 6, D. 37, 10).

Enfin les posthumes eux-mêmes peuvent avoir droit à la *collatio*, comme nous le voyons dans la loi 12, D. 37, 6. Il s'agit de la *bonor. poss. ventris nomine* accordée à une veuve enceinte. La *collatio* n'a pas lieu de suite : *ante quam nascatur non potest dici in potestate morientis fuisse, sed nato confertur.*

Nous avons posé comme règle que la *collatio* est due aux héritiers siens qui souffrent de la présence de l'émancipé. Il résulte de cette idée que les émancipés ne se la doivent point entre eux. Ils ont pu, chacun de leur côté, réaliser des acquisitions ; leur situation est égale. Telle n'est cependant pas la solution de la loi 1, § 16, D. 37, 8, du jurisconsulte Ulpien, *Si sit filius in potestate, alius emancipatus, ex defuncto unus nepos in potestate, alius nepos emancipatus, eleganter Scevola tractat patruus emancipatus quantum nepotibus, quantum fratri suo conferat. Et ait posse dici tres eum partes facere : unam sibi, unam fratri, unam istis collaturum, quamvis hi minus quam patruus ex hereditate avi, concurrente patre, sint habituri.* Ulpien dit que la *collatio* aura lieu au profit des petits-enfants, par conséquent, dans l'espèce, au profit d'un émancipé. Cujas a proposé une correction, Pothier une autre. Le premier propose de lire : *ex defuncto alio emancipato duo nepotes in potestate...;* il ajoute que les petits-fils auront droit à un tiers de l'hérédité de l'aïeul, bien que s'ils eussent concouru avec leur père émancipé prédécédé, ils n'auraient eu qu'un sixième, en vertu de la disposition de Salvius Julien que nous verrons tout à l'heure. Le second conserve le commencement du texte, et il lit : *quantum nepoti, quantum fratri suo conferat.... et ait... unam etiti... quamvis his minus...;*

et il substitue le mot *fratre* au mot *patre* qu'il est impossible de conserver, puisque le texte suppose : *ex defuncto unus nepos in potestate, alter emancipatus*. Alors le jurisconsulte voudrait dire que la *collatio* sera due seulement au petit-enfant *suus* et à son oncle héritier sien ; que le petit enfant qui n'a droit qu'à un sixième sur les biens de la succession de l'aïeul, en raison du concours de son frère émancipé, aura droit à un tiers dans les biens rapportés. (Dans un autre sens, *Vinnius de collat. chap.* 4, § 6).

Voici encore une hypothèse intéressante où l'émancipé ne devra pas *conferre* aux *sui*, toujours par application de ce principe, que ceux-là seulement, parmi les héritiers siens, ont droit à la *collatio*, qui éprouvent un préjudice. Un père de famille a émancipé son fils et retenu sous sa puissance ses petits-enfants. Il meurt ensuite. Qui aura droit à sa succession ? *Jure civili*, ce sont les petits-enfants ; seuls, ils ont la qualité d'héritier sien ; *jure protario*, c'est le fils émancipé qui par suite de la rescision de la *capitis deminutio* se trouve être à un degré supérieur. En présence de cette situation, le préteur *Salvius Julianus* décida que le père émancipé concourrait pour moitié avec les enfants restés en puissance, quel que fût leur nombre, sur la part qu'il aurait eue s'il ne fût pas sorti de la famille. Il dut alors la *collatio* à ses enfants, et non à ses frères et sœurs auxquels il ne causait aucun préjudice (l. 1, D. ? 13, 37, 8). (Voir encore l. 3, § 6, D. 37, 6 ; l. 1, ? 8, 37, 8).

Le *suus* exhérédé a-t-il droit à la *collatio ?* Nous avons déjà résolu un côté de cette question. Rappelons qu'elle se présente sur la loi 20, et dans l'hypothèse que voici : Un père a exhérédé un fils qu'il avait sous sa puissance, passé

sous silence un émancipé et institué un étranger. Si l'étranger
ne fait pas adition, nous avons dit que l'émancipé n'aurait
pas à *conferre*, parce que sa présence a été avantageuse au
suus, en lui permettant de recouvrer la qualité d'héritier
sien qu'il avait perdue par l'exhérédation. Mais que décider
si l'héritier a fait adition ? Dans ce cas l'émancipé obtiendra
la *bonor. poss. cont. tab.* et le *suus* omis intentera la *querela*
contre son frère en possession des biens héréditaires, car la
bonor. poss. contr. tab. laissait subsister l'exhérédation et
certaines autres dispositions testamentaires (l. 8, pr. Dig.
37, 4). Maintenant celui-ci devra-t-il la *collatio ?* Non, au
moins dans l'opinion de ceux qui soutiennent qu'elle n'est
pas due entre personnes venant *diverso jure*. (l. 20, D. 37, 4).

§ 4. — Objet de la collatio.

Il comprend tous les biens que l'émancipé aurait acquis
au chef de famille, s'il fût resté *in potestate, c. a. d.*, tout le
patrimoine de l'émancipé au moment de la mort du *de cujus*,
sous la charge des dettes dont il peut être grevé à la même
époque. Nous trouvons une exception pour le cas de dol,
*confertur etiam, si quid ejus non fuerit, dolo malo autem
factum sit quominus esset* (l. 1, § 23, D. 37, 6 ; l. 150, D.
50, 17 ; l. 6, C. 6, 20.)

A partir du décès du *de cujus* la situation change, l'émancipé répond tout à la fois et de son dol et de sa faute ; les
cas fortuits restent à la charge de l'hérédité (l. 2, § 2, D. 37, 6).

Voici quelque chose qui semble, au premier abord, assez
bizarre. Il s'agit de *collatio* due par des personnes qui n'a-
vaient pas de biens à la mort du *de cujus*. Ainsi un émancipé,

captif chez l'ennemi, revient à Rome, après la mort de son père. Par l'effet du *postliminium*, il se trouve avoir droit à la *bon. poss.*; comme conséquence il rapportera les biens qu'il aurait eus, à la mort de son père, s'il eût été libre. (l. 1, § 17, D. 37, 6.) De même, un posthume vient à la succession de son aieul, par représentation du père émancipé ; il devra *conferre* les biens qu'il aurait eus, s'il eût été né, au moment de la mort du *de cujus* : *Igitur sive hereditatem a patre, sive legatum acceperit, conferre debebit.* (l. 2. *pr.* D. 37, 6.)

A part ces exceptions, le principe est donc que l'émancipé rapporte son patrimoine tel qu'il se comporte, au décès du *de cujus*. L'application de cette règle n'était pas toujours facile, car il s'agissait de déterminer, d'une manière exacte, à quel moment, tel ou tel bien était acquis à l'émancipé ; or, cela dépendait de beaucoup de circonstances. La loi 2 § 3, D. 37, 6, suppose l'émancipé créancier ou légataire, sous condition, au moment de la mort du *de cujus*. Ici la solution n'est pas difficile : dans le premier cas, l'émancipé devra *conferre*, parce que la condition rétroagit au jour du contrat, et non dans le second, parce que le *dies cedit* d'un legs conditionnel a lieu au moment de l'arrivée de la condition ; et nous supposons que cette condition se réalise après la mort du père. Dans le § 18 de la loi première à notre titre, la réponse ne serait plus la même; il y est parlé d'un legs, fait à l'émancipé *cum pater morietur*. Le *dies cedit* ayant lieu du vivant du père, la *collatio* est due (l. 1, § 18. D. 37, 6.) Pour tout dire en deux mots : toute la question est de savoir, à quel moment, le droit au legs est acquis à l'émancipé légataire. Est-ce du vivant du père ? Il devra le *conferre*. Est-ce après sa morl ? Il en gardera pour lui le bénéfice. Ainsi, il va de soi qu'il ne rapporterait point le legs fait *post mortem patris*.

Le paragraphe suivant s'occupe d'un fideicommis, laissé à l'émancipé par l'intermédiaire du père, *cum morietur* ; et la décision est l'inverse de celle du legs *cum pater morietur*. Pourquoi cela ? On était obligé, pour rendre valable une pareille disposition faite au profit d'un enfant en puissance, de l'interpréter comme si elle eût été faite *post mortem patris*, autrement elle eût profité au père. Par suite on fit le raisonnement suivant : si le fils, aujourd'hui émancipé, avait été sous la puissance du père, il n'aurait pas été obligé à *conferre* ce fideicommis ; il doit en être de même après son émancipation, puisque, d'après la règle générale, l'émancipé est tenu seulement de rapporter les biens qu'il aurait acquis au père s'il était resté sous sa puissance. (Dans un autre sens, *Cuj. ad § si emancip.*)

Dans la loi 11, à notre titre, il semble bien qu'il s'agisse encore d'un fideicommis : *Paulus respondit ea, quæ post mortem patris filio reddi debuerunt, emancipatum filium, quamvis prius consecutus sit, quam deberentur fratri, qui in potestate patris relictus est, conferre non debere : cum post mortem patris, non tam ex donatione, quam ex causâ debiti, ea possidere videatur.* Cependant tel ne serait pas, d'après Cujas, l'hypothèse de cette loi. Le texte supposerait le paiement anticipé d'une stipulation *post mortem patris* faite par le fils émancipé du vivant du père. En effet, un pareil paiement n'est pas une libéralité, mais l'acquittement d'une dette conditionnelle, avec cette condition tacite que, si la condition ne se réalise pas, il y aura lieu à répétition. Et il ne faut pas s'arrêter à cette idée

que, dans une stipulation conditionnelle, la condition rétroagit au jour du contrat, et par conséquent, dans notre espèce,
à l'époque où le père vivait. Il n'en est pas ici, comme d'une
stipulation conditionnelle ordinaire. Si, en principe, le bénéfice des stipulations conditionnelles ordinaires est sujet à
rapport, on ne saurait dire la même chose, quand, sans dol, on
s'est expressément reporté à la mort du père. On ne regarde
pas alors le moment du contrat, parce que telle n'est pas la
loi de la stipulation (l. 40. D. *de stipul. serv.*; voir égal.
Poth. Pand. liv. 37, art. 3, § 14).

Cette explication ne nous paraît pas admissible. D'abord,
en partant de ce point de vue là, il ne pourrait être question
d'une stipulation conditionnelle, mais d'une stipulation à
terme incertain, comme le montrent les mots *post mortem
patris*. Ensuite, il est impossible de faire signifier au mot
reddi le paiement d'une chose stipulée sous condition.
Nous croyons qu'il s'agit plutôt d'un fideicommis, fait à
l'émancipé à la charge du père, et dont celui-ci s'est acquitté
de son vivant, bien que le disposant eût inséré la clause
post mortem patris. L'émancipé ne devra pas *conferre* parce
que la restitution anticipée ne peut pas lui nuire.

Un émancipé avait un fils propriétaire d'un pécule *castrense*. Si, au moment de la mort du père de famille, cet
émancipé avait recueilli le pécule *jure peculii* ou *testamento*,
par suite du prédécès de son fils, la *collatio* s'y appliquerait.
Bien plus, si le fils, propriétaire du pécule, mourait, dans l'intervalle qui sépare le décès de l'aïeul de celui où la *collatio*
doit être fournie, l'émancipé devrait encore remettre le pécule *castrense* à la masse de la succession, *non enim nunc
adquiritur sed non adimitur* (l. 1, § 22, D. 37, 6.), dit Ul-

pien. Et Tryphoninus : *posthiminii cujusdam similitudine pater antiquo jure habeat peculium, retroque videatur habuisse rerum dominia*. (l. 19, § 3. D. 49, 17.)

L'impubère adrogé ayant droit à la quarte Antonine la rapportera à la succession du père naturel, si son action est déjà née, c'est-à-dire, si l'ouverture de la succession de l'adrogeant a précédé celle de la succession du père (l. 1 § 21, D, 37. 6.)

Les actions sont comprises dans la *collatio* tout comme les autres biens ; il n'y a d'exception que pour les actions essentiellement personnelles, par exemple, l'action d'injures. (l. 2, § 4, D. 37, 6.)

L'émancipé ne rapportait pas non plus ce qu'il avait reçu *dignitatis nomine*. (l. 1 § 16, eod. tit.) à la *collatio*.

Pour former la masse sujette à la *collatio*, on déduit les dettes de l'émancipé, mais seulement les dettes pures et simples, car la *collatio* ne porte que sur l'actif net et non sur l'actif brut. En conséquence les *sui* donnent caution de faire une restitution proportionnelle, pour le cas où la condition viendrait à se réaliser, s'il y avait des dettes sous condition. (l. 2, § 1. D. 37, 6 ; l. 6, C. 6, 20.)

Voyons à présent quels biens l'émancipé conserve. Sans aucun doute, il conserve les biens qui eussent formé son pécule *castrense*, s'il eût été en puissance. (l. 1, § 15, D. 37. 6.) Le texte parle même du pécule *quasi castrense* ; cependant il faut considérer ces mots comme interpolés, le pécule *quasi castrense* étant une création de Constantin (L. 44. C. 12, 34.)

Par la même raison, l'émancipé n'est pas tenu de *conferre* la dot de sa fille, *quia dos non est in bonis patris*. Telle est la solution d'Africain (l. 4. D. 37, 6.). C'est qu'en effet la dot ne lui appartient plus ; elle est le patrimoine propre de sa fille, quoiqu'elle soit sous sa puissance. Nous supposons le mariage encore existant. *Quid*, à sa dissolution ? Si le mariage est dissous par le prédécès de la femme, et que la dot soit profectice, pas de difficulté. L'émancipé la rapportera puisqu'elle lui aura fait retour. Mais le mariage peut avoir été dissous par le divorce ou la mort du mari. Le père a l'action *rei uxoriæ*, pour reprendre sa dot, au moins si sa fille est *alieni juris*. Dans ce cas, devra-t-il *conferre*? Ce n'est pas probable. Il n'a pas un droit absolu sur cette dot. Cela est tellement vrai qu'il ne peut exercer son action *rei uxoriæ* qu'avec le concours de sa fille. Dès lors comment l'obligerait-on à rapporter (Voy. *Vinnius de collat.* Ch. 13, § 12, *Cujas, ad hanc legem.*)

Le mari émancipé doit-il le rapport de la dot qu'il a reçue de sa femme ? Avant d'aller plus loin, remarquons que la question ne peut s'élever dans l'hypothèse où le mariage existerait encore au moment de la mort du *de cujus*, ni dans celle où il aurait été dissous par le divorce du mari, parce que la dot sera restée affectée aux charges du mariage, ou aura été restituée à la femme. Mais la femme peut être prédécédée ; et alors la dot, du moins la dot *adventice*, est restée au mari. Celui-ci en devra-t-il la *collatio*? Non: *Emancipatus filius si dotem habeat ab uxore acceptam, hoc minus confert etsi ante uxor decesserit* (l. 1, § 20, D. 37, 6.) *Sicut, is qui in potestate est dotem, uxoris præcepit : ita emancipatus quoque, quasi præcipiat retinere debet.* (l. 3, § 4. D. 37, 6.)

Ainsi, bien que la femme soit morte avant le père, *etsi ante uxor decesserit*, l'émancipé garde la dot, et ce n'est pas sans motif ; il peut en avoir besoin pour faire face à certaines charges du mariage qui subsistent à sa dissolution. (*Voy Vinnius, de coll. Ch.* 12, n° 8.)

§ 5.—Comment s'effectue la Collatio.

La *collatio* se fait: *aut re, aut remissione, aut cautione.* (l. 1, § 2, 37, 6.)

Elle a lieu *re*, c, a. d., par la remise réelle, dans la succession des biens de celui qui doit la *collatio*, ou bien *remissione*, par un prélèvement sur la masse au profit de ceux à qui elle est due, ou par la délégation de l'un des débiteurs du père, la *datio* en paiement d'un fonds ou d'une autre chose. Mais ce procédé ne peut-être employé que si les parties sont d'accord sur les biens à *conferre* ; en cas de difficulté, l'émancipé donnera *cautio propter incertam.* (l. 1, § 11. D. 37, 6.)

Dans les deux derniers exemples exigerons nous le consentement des créanciers de la *collatio* ? Les textes n'en disent rien (l. 1re pr. et § 12.) ; d'où l'on peut conclure qu'il n'est pas nécessaire. Cependant Vinnius est plus porté vers l'opinion contraire, parce qu'on ne voit pas bien, suivant lui, pour quelle raison on appliquerait aux biens rapporté une règle différente de celle qui est en usage pour les biens de la succession. (*l.* 17 *C. de solut. l.* 1 § 12 *à notre tit. Argum. tiré de deligaverit. Ajout. Perezius C. à notre tit.* n° 19.)

La collatio a lieu *cautione.* Tel était l'édit du préteur (l. 1 § 9 et 11, D, 37, 6.) *Jubet prætor ita fieri collationem ut recte caveatur.* Il suffisait cependant de donner des gages, quoique régulièrement les stipulations prétoriennes exigeassent une *satisdatio* (l. 7. D. 47, 5.)

On peut encore exécuter la *collatio* cumulativement *re* et *cautione.*

L'exécution de la *collatio*, par l'un des modes que nous venons d'indiquer doit-elle nécessairement précéder la *bonorum possessio* ? Paul semble l'exiger. (l. 5. § 4, D. 37, 9.) Julien (l. 3. D. 37, 6) n'est pas de cet avis ; il fait remarquer que, dans l'autre opinion, on tend un piége à l'émancipé ; car, s'il vient à prédécéder avant d'avoir trouvé des fidéjusseurs ou des gages, il ne transmettra rien à ses héritiers. Du reste, Paul lui-même, dans un autre texte, semble s'être rangé à l'opinion de Julien. (l. 2, § 9. D. 37, 6.)

Si l'émancipé, après avoir fourni caution, n'exécute pas la *collatio* dans un délai raisonnable, le stipulant agira contre lui par les moyens du droit commun. Mais *quid*, s'il a obtenu préalablement la *bonn. poss.* ? Y a-t-il *contumacia* de sa part, sa portion héréditaire reste aux *sui*. (l. 3, § 8. D. *cod tit.*; l. 2, C. 6, 20). Il pourrait d'ailleurs revenir sur son refus, suivant Papinien (l. 1, § 10, l. 7 *eod. tit.*) S'il y a *inopia* on ne lui enlèvera pas immédiatement la *bon. poss.*; on lui laissera un délai raisonnable pour trouver des fidéjusseurs. Dans l'intervalle les *sui* pourront vendre les biens héréditaires susceptibles de se détériorer, avec caution d'en restituer la valeur, au cas ou l'émancipé s'exécuterait. (l. 2, § 9, 37, 6.)

Ulpien indique encore un autre moyen ; ce serait la nomination d'un curateur à la portion de l'émancipé. Ce curateur lui rendrait ses biens après la caution fournie.

Après avoir déterminé les différents modes de *collatio*, il reste une seconde opération, c'est le partage des biens entre les ayants-droit. Des différents textes sur cette question il résulte ceci : s'il y a un émancipé en concours avec un ou plusieurs *sui*, le partage se fait par portions viriles, y compris le *conferens*. Dans l'hypothèse de plusieurs émancipés et de plusieurs *sui*, chaque émancipé partage ses biens avec les *sui*, sans tenir compte de ses frères émancipés. (l. 1, § 24, l. 2, § 5, l. 3, § 2. D. 37, 6.) Et Paul dit pour expliquer ce résultat : *nec indignari eos oportere si plus conferant, et minus occipiant quia in potestate eorum fuerit, bonorum possessionem omittere.* Il n'en est pas moins vrai que, malgré l'opinion de Paul, ce résultat n'est pas équitable. En se donnant la peine de l'examiner, on verra que l'émancipation profite aux *sui*.

Quand les *sui*, ou quelques-uns d'entre eux, viennent par représentation, le partage des biens soumis à la *collatio* a lieu par souche ; l'émancipé fera alors la *collatio* à chaque souche. Inversement, les émancipés peuvent venir par représentation. Ici ils devront *conferre*, comme s'ils ne formaient qu'une seule tête, *quasi omnes unus essent*. (l. VII, *eod. tit.*).

Si l'émancipé a des enfants, nés avant l'émancipation et restés sous la puissance du père, l'édit *de conjungendis cum emancipato liberis ejus* lui accorde une moitié sur la part qui *jure civili* revient aux petits enfants *sui*. Par suite, il leur devra la *collatio* de la moitié de ses biens. (l. § 13 et 14. D. 37, 8.)

On peut même citer telle hypothèse, où la *collatio* absorbe entièrement les biens de l'émancipé. Il suffit de supposer: un petit fils émancipé d'un fils également émancipé, l'aïeul et le père morts ensemble, et de plus un héritier sien dans chaque succession. Le petit enfant émancipé, obtenant la *bonor.poss.* de la succession de son aïeul et de son père, devra *conferre* une moitié de ses biens à son oncle, l'autre moitié à son frère. (l. 2, § 6. D. 37, 6.)

Toutes ces solutions viennent de cette idée que la *collatio* a lieu en raison du préjudice causé. Et c'est par ce principe que nous interprétons aussi la loi 1, § 3. D. 37, 6. Voici l'espèce : un fils *suus* a été institué pour trois quarts, et un étranger pour un quart. Un émancipé passé sous silence ayant obtenu la *bonor. poss.* prend la moitié de la succession. Que rapportera-t-il ? Un quart : *pro quadrante tantum bona sua collaturum Julianus ait, quia solum quadrantem fratri abstulit.* C'est en effet la réponse qui se présente immédiatement à l'esprit. Cependant Cujas donne une autre interprétation. Suivant lui, l'émancipé devrait *conferre* au *suus* le tiers de ses biens parce qu'il lui enlève le tiers de la part qu'il aurait eue, sans son concours... *suo emancipatus quartam aufert, si ad totum anem respicias, tertiam si ad portionem ei adscriptam,* et plus loin : *vis tertiam hæreditatis meæ, confer tertiam tuorum bonorum. (Cuj. Observat. t. 3, p. 78.).* Cette opinion doit être rejetée. Un raisonnement bien simple fait voir qu'elle force le sens du texte. Si le *suus* avait été institué pour le tout, l'émancipé venant à la succession par la *bonorum possessio* lui enlèverait la moitié de l'hérédité, et, partant, lui rapporterait la moitié de ses biens. Pourquoi ne pas garder la même proportion quand l'institution comprend les trois quarts ?

CHAPITRE II.

COLLATIO DOTIS.

(D. 37, 7).

§ 1er. — **Fondement de cette collatio.**

La fille émancipée était tenue de *conferre* sa dot comme ses autres biens. C'était là une application du droit commun. Mais le préteur allait plus loin dans notre matière. Considérant que la dot constituait pour la fille *sua* une espèce de patrimoine se rapprochant de celui des émancipés, il fut conduit par analogie de motifs à en décider la *collatio* (l. 3, §. 5, D. 4, 4 ; l. 2, § 1, 2 ; l. 3, D. 24, 3 ; l. 14, 34, 2). Et il n'y a pas à distinguer si la dot est profectice ou adventice. Elle doit toujours être rapportée; mais, à l'époque de Gordien, en 240, tandis que la *collatio* de la première était due aux *sui* et aux émancipés, celle de la seconde était due aux héritiers siens seulement (l. 4, C. 6. 20).

Remarquons qu'il ne peut être question du rapport de la dot, lorsque la restitution en a été stipulée par le constituant. De même, si le mariage n'était pas dissous, il ne saurait y avoir de rapport en nature ; il aurait lieu en moins prenant (l. 1, § 1, 37, 7 ; l. 5, *C. de coll.*).

C'est dans la *collatio* de la dot profectice que nous trouvons l'origine de notre rapport moderne. Le bien donné en dot est sorti du patrimoine paternel, et le préteur l'y fait rentrer pour maintenir, entre les enfants, l'égalité à laquelle on présumait que le père n'avait pas voulu déroger.

§ 1. — Quelles personnes doivent la collatio dotis ? A quelles personnes elle est due ?

Il résultait des dispositions de l'Édit qu'une fille en puissance ne devait la *collatio* de sa dot que si elle venait à l'hérédité par la *bonorum possessio*. Cependant un rescrit d'Antonin-le-Pieux à Ulpius Hadrianus décida qu'elle la devrait même si elle gardait son titre d'héritier du droit civil. Ainsi peu importe qu'elle vienne à la succession *jure prætorio* ou *jure civili* ; dans tous les cas elle doit la *collatio*, à moins que son père ne l'en ait dispensée (l. 1, *princ.* D. 37, 7).

La fille instituée héritière est dispensée de la *collatio* de sa dot. *Si filiafamilias heres constituta*, dit Ulpien, *collatione dotis non fungitur*. Et il en serait ainsi quand même la fille instituée demanderait la *bonor. poss.*, *commisso ab altero edicto*. Toutefois si dans ce dernier cas elle obtenait plus par la *bon. posses.* que par le testament du *de cujus*, elle serait tenue de *conferre* (l. 3, D. 37, 7).

Que dire de la fille qui s'abstenait de l'hérédité paternelle? Devait-elle toujours la *collatio* malgré son abstention ? Tryphoninus nous apprend qu'il y avait en doute, *fuit quæstionis* ; puis il ajoute que la question fut tranchée par un rescrit de Marc-Aurèle, dans le sens de la négative : *non compelli abstinentem se ab hæreditate patris*. Cujas se demande quelle pouvait être la raison de douter, puisqu'il était de principe que l'on pouvait se dispenser de la *collatio* en renonçant à la succession. Suivant lui, on avait pu penser que la fille qui renonçait à la succession de son père, renonçait par là même à sa dot, car cette dot était un bien qui ne se distinguait pas parfaitement du patrimoine du père. « *Videtur esse in bonis paternis, et dote hac videtur se abstinere.* »

La fille exhérédée n'est point obligée à la *collatio* de sa dot (l. 7, D. 37, 7). Nous avons déjà cité cette loi, et nous avons vu qu'elle a donné lieu à différentes interprétations.

Demandons nous maintenant à qui est due la *collatio dotis*. A l'époque où nous nous plaçons, à l'époque des jurisconsultes classiques, la fille doit aux *sui* la *collatio* de sa dot adventice ou profectice ; et ceci nous amène à dire que nous avons un peu anticipé en donnant la décision de la loi 6 au Code. *Quid* vis-à-vis des émancipés ? Il y avait eu désaccord entre les jurisconsultes. Ce fut Gardien qui trancha la question. Il fit la distinction que nous avons indiquée entre la dot profectice et la dot adventice. Nous reviendrons, du reste, sur ce point.

La *collatio dotis* n'était due qu'à ceux qui voyaient leur part diminuée par la présence de la fille dotée. Nous ne donnons pas plus de développement parce que les principes que nous avons exposés sur la *collatio* ordinaire reçoivent ici leur application (l. 1 §§ 2, 4, D. 37, 7).

§ 3. — Comment se fait la collatio ?

Si le mariage n'est pas dissous au moment de la mort du père et que la dot ait été livrée, la *collatio* s'en fera en moins prenant. La raison est que le mari ne peut faire à sa femme une restitution anticipée (l. 5. C. 6, 20 ; l. 73, § 1, D. 23, 3.)

Si la femme a recouvré sa dot par le divorce ou le pré-décès du mari, pas de difficulté ; elle la rapportera en nature. Si le mari est insolvable, la femme n'est tenue que de *conferre* ce qu'elle peut obtenir de son mari : *non debebit integra dos computari mulieri, sed id quod ad mulierem potest pervenire, id est quod facere maritus potest.* Nous traiterons plus longuement cette question sur la Novelle 97.

Si la dot avait été simplement promise, et promise par un tiers ou par le père conditionnellement, alors *cautione opus erit, ut tunc conferat mulier dotem cum dotata esse cæperit* Ajoutons que la fille dotée devra libérer ses frères de leur part dans la dette de la dot : *consequens autem est, ut ex publicatione (dotis) pro parte dimidia fratrem suum liberet æquus : enim est in solidum de suo eam dotatam esse.* (l. 1 § 7, 8. D. 37, 7.)

DEUXIEME PARTIE

DROIT DU CODE ET DES NOVELLES

—

L'étude de cette période est difficile. Au lieu d'examiner en détail des constitutions longues et souvent obscures, nous préférons présenter un aperçu général et méthodique des différentes innovations. Tout naturellement nous commencerons par étudier le droit du code. Au point de vue historique, ce droit n'est pas sans intérêt ; nous allons y voir la *collatio* de la dot profectice de la fille *sua* se développer, dans un intérêt d'égalité entre les enfants, et devenir presque le rapport moderne, tandis que l'ancienne *collatio*, la *collatio emancipati* finira par se restreindre de plus en plus. Nous verrons ensuite le droit des Novelles, et nous aurons à nous demander si elle n'a pas même disparu complètement.

CHAPITRE I

DROIT DU CODE ANTÉRIEUR A JUSTINIEN

SECTION I

MODIFICATIONS INTRODUITES DANS LES BIENS SOUMIS A LA COLLATIO.

Dans cette période, la *collatio bonorum* est restreinte indirectement par l'introduction de deux nouveaux pécules, le pécule *quasi castrense* créé en 320 par une constitution de Constantin, et le pécule *adventice* institué par une Constitution du même empereur en 319. Ces pécules formant un patrimoine pour le fils de famille comme le pécule castrense, il s'en suivit que, par la même correlation, les biens qui les auraient composés, si l'émancipé eût été en puissance, échappèrent à la règle de la *collatio*. A quelle époque ce résultat fut-il admis ? Nous n'avons pas de texte formel pour le pécule *quasi castrense*, puisque nous avons montré plus haut que la loi 1re, § 15, D. 37, 6, qui en fait mention était interpolée. Cependant on croit qu'il fut assimilé, lors de son apparition, au pécule castrense. En effet, les textes nous montrent que ces deux pécules étaient régis par les mêmes règles, sauf une différence relative au droit de disposition par testament, et encore cette différence disparut-elle sous Justinien (Voir M. Accarias, *Préc. de dr. Rom.* t. I, p. 663).

Quant au pécule adventice, nous avons la loi 21, au Code. *Ut enim castrense peculium in commune conferre in hæreditate dividendâ, et ex prisci juris auctoritate minime cogebantur : ita et alias res quæ minime parentibus acquiruntur, proprias (liberis) manere censemus.* Il paraît qu'il y avait eu des doutes sur le point de savoir si le pécule devait être soustrait à la *collatio.* C'est ce qu'exprime Justinien en disant : *Ut nemini de cœtero super collatione dubietas oriatur...* Évidemment, l'opinion qui soutenait que l'émancipé n'était pas tenu de *conferre* les biens composant ce pécule était plus conforme aux principes ; car un *suus* en aurait eu également la propriété, et les eût conservés pour lui seul, lors du partage de la succession. Quoi qu'il en soit, ce texte est le premier qui dispense l'émancipé de la *collatio.*

L'usufruit et l'administration du *pecule adventice* appartenant, en principe, au père investi de la *patria potestas,* il semble en résulter que l'émancipé devra *conferre* seulement les fruits existants. Telle est en effet, la conclusion de Vinnius (*De collat.* 3, 12). C'est aussi celle des Basiliques. « *Peculium profectitium vel usufructus adventiorum confertur.* »

Voilà pour la *collatio bonorum.*

Qu'était devenue maintenant la *dotis collatio* ? Nous savons que le sénatusconsulte Orphitien avait appelé les enfants à l'hérédité de leur mère indépendamment de la *conventio in manum* de celle-ci, et à l'exclusion des agnats. Nous examinerons bientôt une constitution de Théodose et d'Arcadius qui permet aux petits enfants *ex filia* de venir à la succession de leur ascendant maternel. Ces réformes combinées avec la création du *pecule adventice* ne furent pas sans influence sur la *collatio dotis.* La fille cessa nécessairement de devoir à ses frères et sœurs *in potestate* la *collatio* de la dot à elle constituée par sa mère ou un autre ascendant maternel, puisque ceux-ci purent également acquérir des biens d'origine maternelle et les conserver en propre. Remarquons que nous ne parlons que de la dot constituée par un ascendant maternel. En dehors de ce cas, nous restons sous l'empire des anciens principes.

En 449, nous voyons apparaître la donation *propter nuptias*, institution inconnue des jurisconsultes classiques. C'est la contre-partie de la dot; elle est constituée par le mari ou un tiers; et elle appartient à la femme dans des circonstances identiques à celles où le mari garderait la dot. Cette donation formait pour le fils un véritable patrimoine, comme la dot pour la fille *sua*; par suite, devait-elle être rapportée? La loi 17 à notre titre le dit positivement, et de plus la loi 29, C. *de inoffici. testamento,* présente cette décision comme une innovation de l'empereur Léon. Cujas n'est pas de cet avis. Suivant lui, si la loi 17 a innové, c'est en ce sens que les émancipés se doivent entre eux le rapport de leur dot et de la donation *propter nuptias : .. quod velit inter fratres qui in potestate parentis, veluti matris aut aviæ non fuerunt nec esse potuerunt, ut inter eos sit locus collationi dotis, vel donationis propter nuptias profectæ a matre vel aviâ.* Les textes sont trop précis pour que nous puissions admettre cette décision.

En un mot, la *collatio* était due pour tout ce qui n'était pas *pecule castrense, quasi castrense,* dot constituée par un ascendant maternel. Nous venons de voir la donation *propter nuptias.*

SECTION II

MODIFICATIONS INTRODUITES DANS LES PERSONNES QUI DOIVENT
LA COLLATIO.

Il a été question dans le droit classique de la *collatio* de la dot due par la fille *sua*. C'était un point controversé, comme nous l'avons dit, que celui de savoir si celle-ci en était tenue vis-à-vis de ses frères émancipés. Dans la loi 4, au Code à notre titre, Gordien tranche la difficulté : *Nec dubium est profectitiam seu adventitiam dotem a patre datam vel constitutam, fratribus qui in potestate fuerunt conferendam esse. His etenim qui in familiá defuncti non sunt, profectitiam tantummodo dotem, post varias prudentium opiniones, conferri placuit.* — Remarquons en passant que le texte de la constitution a été altéré, car il appelle dot adventice la dot constituée par le père. — Pourquoi cette distinction? On a dit : La fille *sua* ne rapporte pas sa dot adventice aux émancipés pour ne pas avoir à subir le double préjudice résultant de la *collatio* et de leur concours dans la succession ; elle est tenue, au contraire, de leur *conferre* sa dot profectice, parce que cette dot vient du père commun et lui fait retour, si elle vient à prédécéder. Telle est l'explication de Cujas. (Voy. Cujas, t. 9, p. 686, col. A.) Disons de suite que ce point de vue a été critiqué. Relativement à sa dot, la position de la fille *sua* était analogue à celle des émancipés. Ceux-ci partageaient avec elle les biens qu'ils avaient acquis par suite de leur émancipation. Pourquoi, par voie de réciprocité, n'aurait-elle pas fait de même pour sa dot ?

Voici d'autres innovations également importantes. Nous

avons cité plus haut une constitution de Théodose et d'Arcadius qui appelle les petits-enfants *ex filiá* à la succession de
leur ascendant maternel. (l. 4, C. Th. 5, 1). Le législateur
compléta son œuvre. Une autre constitution qui est d'Arcadius et d'Honorius (l. 5, C. Th. 5, 1) décida que les petits-
enfants, venant par représentation de leur mère, devraient
conferre la dot que celle-ci aurait reçue pour ne pas être
injuste envers les *sui* qui auraient profité de la *collatio* faite
par elle, si elle eût vécu.

Les petits enfants devraient-ils également la *collatio* s'ils
avaient renoncé à la succession de leur mère, car cette dernière circonstance ne les empêche pas de la représenter ?
Vinnius admet l'affirmative (*collat.* ch. 12, 1.). La loi 5 au
Code Théodosien, dit d'ailleurs que, s'ils ne veulent pas rapporter, il faut qu'ils s'abstiennent de l'hérédité de l'aïeul
(voyez aussi Voët t. 2, p. 458.))

Jusqu'ici la *collatio* n'existe encore que dans la succession
d'un ascendant investi de la *patria potestas* ; les émancipés
ne se la doivent pas entre eux. Léon, dans la constitution
que nous allons étudier, renverse, en partie, ces anciens
principes (l. 17. C, 6, 20.) :

1º Désormais les fils sont soumis au rapport de la donation
ante nuptias, et les filles de la dot, sans distinguer s'ils
sont *sui juris* ou *alieni juris*.

2º La *collatio* est introduite dans la succession des ascendants maternels. La fille sera tenue à la *collatio* de la dot, le
fils de la donation *ante nuptias* qu'il aura reçue de sa mère,
et les petits enfants de la dot ou donation *ante nuptias* qu'ils
auront reçue personnellement de leur ascendant maternel.

3º La donation *ante nuptias* est soumise pour la première

fois à la *collatio* (1, 29. C. *de inoff. testam.*). *Quoniam no-
vella constitutio divi Leonis ante nuptias donationem a
filio conferri, ad similitudinem dotis quæ a filiâ confertur, præcepit.*

Enfin Léon, dans les dernières lignes de sa constitution,
nous fait observer que l'émancipé est encore tenu d'une certaine *collatio* : *Emancipatis videlicet liberis utriusque
sexus, pro tenore præcedentium legum (ea) quæ in ipsâ
emancipatione (a parentibus suis, ut adsolet fieri) conse-
quuntur, vel post emancipationem ab eisdem parentibus
acquisierint collaturis.* Mais comment expliquer cette dernière décision ? Est-ce que l'émancipé pour tout ce qui ne
concernait pas la dot ou la donation *ante nuptias profecti-
ces* — et ici ces expressions s'entendent de la donation *ante
nuptias* ou de la dot constituée par n'importe quel ascendant, *de cujus successione agitur.* — ne restait pas soumis
aux anciennes règles de la *collatio* ? En d'autres termes,
n'était-il pas encore tenu *à conferre* dans la succession de
l'ascendant paternel tout ce qui ne rentrait pas dans le *pecule castrense, quasi castrense ?* nous n'ajoutons pas le *pecule adventice*, car c'est Justinien qui l'a soustrait le
premier à la *collatio;* au reste, en admettant même que le
pecule adventice échappât à la *collatio* avant la loi XXI, les
dernières expressions de notre texte n'en restent pas moins
équivoques ; à l'époque de Léon ce pécule, ne comprenait
certainement pas toutes les choses provenues *aliunde quam
ex substantia patris.* Cujas résout la difficulté en donnant à
la constitution un sens énonciatif: *Nam dum lex in fine ait
conferri donationem simplicem collatam in filium emancipatum non ideò excludit cæterorum bonorum collationem*

(Cujas, t. **9**, p. 694, col. B.). Mais l'opinion générale, appuyée sur les raisons ci-dessus, est que cette loi a été interpelée.

CHAPITRE II.

COLLATIO D'APRÈS LES CONSTITUTIONS DE JUSTINIEN.

La constitution d'Honorius et d'Arcadius n'avait expressément exigé le rapport de la dot constituée à la mère prédécédée que pour les petits-enfants *ex filiâ* dans la succession de leur aïeul, et envers leurs oncles. Fallait-il conclure de là, *a contrario*, que le rapport n'était pas dû aux *amitæ*? D'autre part, les petits-enfants pouvaient-ils exiger la *collatio* des enfants du premier degré? La constitution de Léon, qui avait introduit la *collatio* dans la succession des ascendants maternels, ne s'était occupée que de la dot ou de la donation *ante nuptias* faites aux petits enfants personnellement. Mais, *quid* de la dot ou donation *ante nuptias* faite à la mère par l'aïeule, à la succession de laquelle les petits-enfants arrivent par représentation? *Quid* enfin, de la donation *ante nuptias* faite au père? Les *nepotes*, venant par représentation de celui-ci, en devaient-ils le rapport à leur *patrui* et à leur *amitæ*? Justinien, dans la loi 19, tranche toutes ces difficultés. *Præcipimus tam filios, vel filias defunctæ personæ dotem vel ante nuptias donationem a parentibus suis sibi datam conferre nepotibus vel neptibus mortuæ personæ, quam eosdem nepotes vel neptes patruis suis aut avunculis, amitis etiam et materteris dotem et ante nuptias donationem patris sui vel*

matris, quam pro eo vel ea mortua personx, dedit, simili-
ter conferre. (l. 19. C. 6, 20.)

Malgré la généralité de sa constitution, Justinien a encore
laissé quelques points dans le doute. Ainsi, dans le cas où le
nepos rapporte la donation *ante nuptias* ou la dot reçue par
lui personnellement, la *collatio* sera-t-elle due seulement à
ses frères et sœurs, ou tout à la fois à ceux-ci et à ses oncles
et tantes, fils ou filles du *de cujus?* Vinnius, après avoir rappelé les opinions diverses émises sur cette question, incline
vers l'affirmative. La raison qu'il donne est une raison d'hu-
manité et d'égalité. En effet, les petits enfants profiteraient
certainement de la *collatio* faite par leurs oncles ou tantes ;
dès lors, pourquoi ces dernières personnes ne seraient-elles
pas dans la même position ? (Vinn. de coll. ch. 12, 2.)

La constitution est encore restée muette sur un autre point,
c'est celui de savoir si les petits enfants rapportent la dot de
leur mère, même dans le cas où ils auraient renoncé à sa
succession ; nous avons admis l'affirmative en parlant de la
loi 5 au Code Théodosien, 5, 1 ; par conséquent, nous ren-
voyons à ce que nous avons dit plus haut.

Les petits enfants sont-ils tenus de rapporter la dot ou la
donation *ante nuptias*, qu'ils ont reçue, lorsque, lors de la
libéralité, ils n'étaient pas héritiers présomptifs du *de cujus*
par suite de l'existence de leur père ou de leur mère ? Certainement, les textes ne font aucune distinction, et cela est
juste. Bien que le petit enfant ait reçu les choses données
par l'aïeul, à un moment où il n'avait pas encore l'espérance
de succéder ; cependant, parce que son droit à cette succession
a commencé avant la mort de l'aïeul, il commence aussi à
être tenu de la *collatio.* Au reste, quand il s'agit, en fait, de

conferre à la succession, c'est le moment de la mort du *de cujus* qu'il faut considérer. *Collatione relationem habente ad successionem, mortis tempus spectatur.* (Voët. t, 2, p. 457.)

Les deux constitutions qui suivent s'occupent des objets soumis à la *collatio*. Dans la première qui forme la loi 20 au Code, à notre titre, Justinien commence par dire que tout ce qui s'impute sur la quarte légitime est sujet au rapport ; peu importe que les héritiers arrivent après avoir fait rescinder le testament par la *querela inoff. testam.* ou *ab intestat.* Donc ils devront la *collatio* de la dot, de la donation *propter nuptias*, de la donation faite *ad militiam emendam.* L'empereur ajoute ensuite qu'il faut se garder d'admettre, par voie de réciprocité, que toutes les libéralités imputables sur la quarte seront rapportées. Ainsi, seraient certainement exemptées de la *collatio*, les legs et les donations à cause de mort : *Ea enim tantummodo ex his quæ conferuntur memoratæ portioni computabuntur, pro quibus specialiter, legibus, ut hoc fieret, expressum est.*

Dans la loi 21, il s'occupe de l'ancienne *collatio emancipati.* Rappelant l'ancien droit, il décide, par analogie de ce qui se passait pour le pécule *castrense*, que tous les biens dont l'acquisition ne profite plus au père sont soustraits à la *collatio.* En étaient donc exempts le pécule *castrense, quasi castrense*, le pécule *adventice*, au moins quant à la nue propriété. Le pécule *profectice* y restait, au contraire, soumis.

Demandons nous maintenant si la donation simple faite par un ascendant à son descendant devait être rapportée. Remarquons d'abord que, dans l'ancien droit, cette question ne pouvait s'élever pour le fils de famille. La donation à lui faite par le père n'était pas valable (l. 1ʳᵉ, D. *pro donato.*) Plus tard on admit que la mort du père sans changement de volonté vaudrait confirmation. (Paul sent. L. 5. T. 11 § 3. Vatic. fragm. §§ 278, 281 ; l. 18, C. 3, 36 ; l. 25, C. 5, 16). Alors que décider ? Justinien, traitant cette question dans la loi 20, excepte deux cas, où le donataire doit *conferre* ; par conséquent, on peut soutenir que la *collatio* n'a pas lieu en principe ; ces deux cas sont ceux-ci :

1° Si le donateur a fait de la *collatio* une condition de la donation.

2° Si un autre enfant est déjà obligé par ses frères et sœurs au rapport d'une dot ou d'une donation ; il serait injuste que ceux-ci, qui ont reçu une donation simple, pussent exiger des autres la *collatio* sans y être assujettis. Pour justifier cette solution, on peut dire que l'ascendant qui fait une donation simple à son descendant manifeste par là même l'intention de l'avantager, tandis que celui qui fait une donation *propter nuptias*, ou constitue une dot, remplit une espèce de devoir exclusif de l'idée d'un avantage préciputaire.

Dans la question que nous venons de voir, il s'agit d'une donation reçue par un enfant *in potestate. Quid*, si la donation a été faite à un émancipé ? Nous croyons, malgré des autorités respectables, que l'émancipé sera tenu de la *conferre.* Cela nous semble résulter d'abord de la loi 1ʳᵉ au Code, à notre titre. Il est dit dans cette loi que les émancipés institués héritiers ne rapportent pas la donation qui leur a été faite, que cette décision est d'un droit indubitable, *manifesti juris est* ; donc *à contrario* les émancipés venant à la succssion *ab intestat* devront la *collatio*, et la loi 17 dont nous avons parlé précédemment lève, suivant nous, toute espèce de doute ; elle décide formellement que l'émancipé sera obligé de rapporter les donations qu'il aura reçues de l'ascendant émancipateur. Sans doute, cette solution amène un résultat tout à la fois bizarre et injuste. Il s'en suit que précisément à une époque où l'idée d'égalité entre les enfants préoccupe le législateur, l'inégalité la plus manifeste est conservée, que la corrélation inverse qui existe entre la capacité des fils de famille et l'étendue de la *collatio* se trouve méconnue ; mais, au point de vue de l'interprétation des textes, il nous paraît impossible de ne pas décider ainsi. Il est bien vrai que les expressions de la loi 21 sont très-générales et qu'elles semblent comprendre la donation profectice. Malheureusement pour les partisans de l'opinion contraire, cette loi ne peut pas être invoquée. Nous avons dit plus haut que la loi 17, ayant été interpolée, nous donnait sur cette question le dernier état du droit de Justinien. (Voir, en sens contraire, *Vinnius*, ch. XV, *de coll.*)

Relativement aux personnes qui doivent la *collatio emancipati* et celles qui peuvent l'exiger, Justinien conserve les anciens principes, sauf les innovations en ce qui concerne l'adoption.

Nous avons oublié de mentionner, en étudiant le droit du Code, une hypothèse où un enfant qui arrive *jure civili* à la succession de son père est tenu de *conferre*. Elle se présente depuis le nouveau mode d'émancipation introduit par Anastase. Ce mode offrait cette particularité qu'il laissait subsister les droits dérivant du lien de famille, droits que l'émancipé perdait autrefois par la *capitis demi-*

nutio. Mais pourquoi l'émancipé, successeur du droit civil continua t-il de devoir la *collatio*?

Parce qu'on avait alors abandonné l'idée que l'émancipé devait le rapport, parce qu'il venait en vertu de tel ou tel droit, pour considérer si sa position lui permettait oui ou non d'acquérir pour lui (l. 11, C. 4, 58 ; 18, *cod. tit.*). C'était l'idée d'égalité qui dominait dans l'esprit du législateur. Nous allons voir de suite que, à ce point de vue, le droit des Novelles a dépassé celui de notre Code.

CHAPITRE IV.

DROIT DES NOVELLES.

Justinien a introduit d'abord deux modifications importantes, dans la matière qui fait l'objet de notre étude ; la première est contenue dans la Novelle 18, la seconde dans la Novelle 97.

1° (*Novelle* 18, chap. 6). Toujours dans le but de maintenir l'égalité plus parfaite entre les descendants, Justinien décide que la *collatio* aura lieu dans les successions testamentaires ; mais bien entendu, entre personnes qui se la devraient si elles venaient *ab intestat*. Pour éviter l'application de cette nouvelle règle, il faudra une dispense expresse dans le testament. A cet égard l'empereur s'écarte du droit ancien. Au temps des jurisconsultes classiques, l'héritier institué n'était tenu de *conferre* que si le testateur lui avait imposé expressément cette obligation ; si ce dernier n'avait rien dit ou présumait qu'il n'avait pas voulu que la *collatio* fut faite. Cette différence est une conséquence nécessaire des nouveaux principes. On pensait que quand le testateur avait gardé le silence sur un point aussi important, c'est que probablement il en avait été empêché par la mort ou toute autre pensée : *quoniam incertum est ne forsan oblitus datorum, aut præ tumultu mortis angustiatus, hujus non est memoratus.*

La dispense n'a pas besoin d'être conçue en termes sacramentels ; il suffit qu'elle résulte clairement de la disposition. Ainsi, le testateur qui ordonne le rapport de certaines choses, exclut, par là-même, les autres. *A fortiori*, il faudrait donner la même décision si, par exemple, le disposant avait assigné une part plus forte au fils qu'à la fille, en ajoutant que c'était pour tenir compte d'une dot constituée à celle-ci.

Quid, s'il y a des étrangers institués conjointement avec les enfants ? Sans aucune difficulté, la *collatio* n'aura pas lieu au profit de l'*extraneus* : *Extraneo autem hæredi conferendum esse, aut hanc conferre oportere nemo credo, dixerit (Vinnius, de coll.)* La question à résoudre est de savoir comment se fera le partage des biens rapportés. La Novelle est muette sur ce point ; mais on décide que le partage se fera seulement entre ceux qui ont droit à la *collatio*, par analogie de la décision de la loi 2, § 5, D. 37, 6, qui prévoit le concours de plusieurs émancipés et de plusieurs *sui*. Ajoutons toutefois que cette décision n'est point acceptée unanimement.

2° Novelle (97, C. 6). Ce chapitre a pour titre: *de collatione dotis inope moriente marito.* Il y est, en effet, traité du rapport de la dot par la femme alors qu'elle n'a qu'une action contre son mari insolvable ou ses héritiers.

Le texte distingue si la femme est *sui juris*, ou, si étant *in potestate*, elle est dotée par un ascendant autre que le père de famille, ou, enfin, si la dot constituée par le *paterfamilias* est considérable, *major*. Dans ces différents cas, la femme a pu exiger la restitution de la dot ; si elle n'a pas agi, elle est en faute ; donc la *collatio* sera due, quand même : *Sibimet culpam inferat cur mox viro inchoante male substantiâ uti non percepit, et non auxiliata est sibi.*

Quand la femme, *alieni juris*, a reçu une dot modique, malgré le mauvais état des affaires du mari, elle n'a pu agir elle-même ; mais son ascendant a dû agir pour elle. S'il n'a pu le faire, ou s'il s'y est refusé, la femme n'a rien à se reprocher ; elle n'est pas en faute. C'est pourquoi elle devra seulement *conferre* à la succession de cet ascendant l'action qu'elle a contre le mari ou ses héritiers ; *sed et conferri nudam actionem contra inopi mariti res, et fortunam esse communem, et ipsi, et ejus fratribus.*

A part ces innovations, Justinien ne change pas les anciennes règles de la *collatio*. L'héritier n'est tenu à *conferre* que dans la ligne directe descendante; son obligation n'est pas étendue aux legs.

La Novelle 118 appelle à la succession les enfants, sans distinguer s'ils sont émancipés ou non, nés *ex filio* ou *ex filiâ*. Ils viennent tous au même titre. Faut-il dire alors que la *collatio emancipati*, s'est trouvée supprimée par voie de conséquence? Si l'émancipé vient *ab intestat*, cette solution doit être admise ; il recueille la succession non plus par suite de la fiction prétorienne, la rescision de la *capitis deminutio*, mais comme le *suus* lui-même. Si, au contraire, ayant été passé sous silence dans le testament de son père, il recourt à la *bonor. poss. cont. tab.*, il paraît plus certain, en l'absence de textes, de dire qu'il devra *conferre*, conformément aux nouveaux principes.

DROIT FRANÇAIS

CHAPITRE PREMIER.

DROIT ÉCRIT.

Nous n'avons que peu de choses à dire sur ce droit. Le pays de droit écrit avaient adopté les règles du droit romain, dans le dernier état de la législation, comme nous l'atteste Merlin. « Les provinces qui se gouvernent par le droit écrit « s'y sont conformées sans difficulté ni restriction, et actuel- « lement encore elles ne connaissent pas d'autres lois sur le « rapport que les règles qu'elles y ont puisées. »

Les voici brièvement :

1° Il ne peut être question de rapport que dans la ligne directe descendante. Il n'y a pas à distinguer si la succession est testamentaire ou *ab intestat.*

2° Le *de cujus* a toujours le droit de dispenser du rapport. L'héritier peut légalement s'y soustraire par une renonciation. Mais, dans toute hypothèse, la légitime des autres enfants ne peut être entamée.

3° Les qualités d'héritier et de légataire, ou de donataire à cause de mort, étaient compatibles dans la ligne directe descendante, bien que Lebrun et Ricard aient soutenu le contraire, en s'appuyant sur la novelle 18, ch. 6. Suivant leur interprétation, l'enfant n'aurait pu réclamer un legs ou une donation à cause de mort, si le disposant n'avait pas inséré une clause de préciput. Mais c'est là une erreur. Justinien, dans cette novelle n'a point modifié l'objet de la *collatio*; il a eu seulement pour but d'en appliquer le principe à la succession testamentaire. C'est ce qui résulte de l'examen de la novelle. (Ricard. *Donat. ent. vifs et test.*, sect. 15, n°s 640, 641. Merlin, *Rép.*, *hérit.*, sect. 6, § 10.)

CHAPITRE II.

DROIT COUTUMIER.

SECTION I

CLASSEMENT DES COUTUMES AU POINT DE VUE DU RAPPORT.

Nous ramènerons, avec Pothier, nos coutumes à trois types principaux, car on n'aurait jamais fini, disait Lebrun, si l'on voulait rapporter toutes les dispositions des coutumes sur ce sujet.

1° Coutumes d'égalité parfaite. Ce sont celles où le rapport avait toujours lieu, sans que le donateur pût en dispenser par une clause expresse de préciput ; le donataire même renonçant y était obligé. On considérait la donation comme un avancement d'hoirie. Citons les coutumes de Tourraine, d'Anjou, du Maine, de Bretagne et de Normandie, de Dunois, avec distinction, dans quelques-unes, entre les biens nobles et non nobles.

Et encore, parmi ces coutumes, les unes n'admettaient le rapport qu'entre descendants, les autres entre tous les héritiers (Lebrun, *Succes.* 1. 3, ch. 6, sect, 2, n° 20.).

2° Coutumes de simple égalité ou d'option.

Dans ces coutumes, le donataire ne peut être dispensé du rapport, s'il vient à la succession ; mais il peut garder la libéralité à lui faite, en renonçant. Elles étaient les plus nombreuses ; on peut dire qu'elles formaient le droit commun coutumier. C'est parmi elles que figuraient les coutumes de Paris et d'Orléans. Et remarquons que l'héritier pouvait se dispenser du rapport, en renonçant, sans distinguer si la donation lui avait été faite, ou non, d'une manière expresse, en avancement d'hoirie. C'est la disposition de l art. 307 de la coutume de Paris, Il est vrai que Dumoulin, sur l'art. 159 de la rédaction de 1510, avait voulu établir une différence. La donation, disait-il, a-t-elle été faite expressément en avancement d'hoirie, elle est résolue, si le donataire, pour une cause quelconque, ne devient pas l'héritier du donateur. Au contraire, est-elle seulement présumée faite en avancement d'hoirie, elle s'exécute comme une donation ordinaire; le donataire la conserve en renonçant. Mais cette opinion n'avait été admise ni par la jurisprudence, comme le prouve un arrêt du Parlement de Paris. du 29 août 1571, ni par la doctrine, car nous la voyons repoussée par Lebrun, et finalement par l'art. 307 de la coutume de Paris, (nouvelle rédaction). « Dans le cas où celui auquel on aurait donné voudrait s'en tenir à son don, faire le peut en s'abstenant de l'hérédité, sa légitime réservée aux autres (Voy. Ferrières sur cet art.).

Cependant, même sous l'empire de cette coutume, la dispense de rapport n'était pas inutile; cela se présentait quand
un père avait ordonné par testament que son fils prendrait sa
part afférente en sa succession, outre et par dessus la donation qu'il lui aurait faite. On se trouvait alors en présence
d'une hérédité testamentaire, et la volonté du *de cujus*
faisait loi dans les limites qui lui étaient tracées.

3° Coutumes de préciput.

Celles-ci inverses des précédentes, permettaient au donataire de retenir le don à lui fait et de venir tout de même
à la succession. Suivant les unes, Nivernais , Berry ,
Bourbonnais, le donataire devait être dispensé formellement du rapport ; suivant les autres la dispense résultait
du fait que le défunt n'avait pas manifesté sa volonté
en sens contraire. Et encore y avait-il, même dans ces
dernières, d'assez nombreuses différences. La règle de la
dispense présumée était générale dans les coutumes de
Douai, d'Artois, de Hainaut et de Valenciennes. Au contraire,
elle s'appliquait, seulement à la donation d'effets mobiliers
en faveur du mariage, dans la coutume de Chauny ; aux donations ordinaires, dans la coutume de Lille, et aux enfants
mariés au moment de l'ouverture de la succession, dans
les coutumes de Cambrai, Amiens et Ribemont.

Que décider relativement aux coutumes muettes sur le
point de savoir si le donateur pouvait dispenser du rapport ?

Ricard écrit (Des *Donat.* part. 1re, n° 617) que, dans les coutumes qui ne décident pas ces questions, il faut tenir pour
constant qu'aucun ne peut être héritier et donataire en ligne
directe descendante. Merlin combat cette opinion et pense
qu'il faut permettre les libéralités préciputaires. (Voy. Merlin,

repert. rapp. art. 2, nº 3). Quoi qu'il en soit, il est certain que l'opinion de Ricard était plus conforme au génie de notre droit coutumier. Nos coutumes, disait Pothier, en permettant à l'héritier présomptif de conserver les avantages qui lui sont faits en renonçant à la succession, paraissent avoir abandonné en cela l'esprit de notre ancien droit (*Succ.* ch. 4, art. 3, § 2). Mais il ajoute, immédiatement après, que, quant à lui, le système des coutumes d'option lui paraissait préférable, comme plus conforme à la liberté naturelle. Notre Code, partant de cetteidée, a été plus loin que lui ; il a suivi le système des coutumes de préciput.

Si l'objet à rapporter est un immeuble, il faudra suivre la coutume de la situation. (Ricard, *Donat. Partie première*, chap. 3, sect. 15, nº 671 ; Pothier, *Succ.* ch. 4, art. 2 § 1). En matière de meubles, on appliquait le principe : *mobilia ossibus personæ inhærent.*

Ne pouvant étudier toutes nos coutumes, à cause du cadre nécessairement restreint que nous avons dû nous tracer, nous nous bornerons à un exposé sommaire des règles de notre sujet, sous l'empire des coutumes de Paris et d'Orléans. Ce sont, du reste, les plus importantes, au point de vue de notre droit.

SECTION II.

EXPOSÉ DES RÈGLES DU RAPPORT DANS LES COUTUMES DE PARIS ET D'ORLÉANS.

ARTICLE I

Entre quelles personnes a lieu le rapport ?

Le rapport n'a lieu qu'en ligne directe et entre descendants. Mais, si le rapport est fondé sur l'égalité, pourquoi ne pas l'admettre en ligne ascendante ? Lebrun, qui se fait cette objection, y répond ainsi : la vérité est, néanmoins, que les ascendants ne sont point obligés au rapport, et cela par la raison même que la succession leur est moins due ; car moins la succession est due, moins on doit observer l'égalité. C'est pourquoi il ne se fait pas de rapport en ligne collatérale des donations entre-vifs (*Succ.* liv. 3, chap. 6, sect. 2, n° 22. — Voy. enc. art. 301. *Cout. de Paris*). Nous avons vu cependant que les coutumes de Tours, d'Anjou, du Maine, avaient empêché tout avantage entre héritiers présomptifs , sans distinguer la ligne directe d'avec la ligne collatérale.

Le rapport n'est exigé que dans la succession *ab intestat*, et le donataire peut s'en dispenser, en renonçant.

Le rappel, dans les coutumes qui n'admettaient pas la représentation, donne aux petits-enfants la qualité d'héritiers légitimes de leur aïeul, et de même, à la fille qui a renoncé, par contrat de mariage, à la succession de son père ou de sa mère; d'où la conséquence que ces dernières personnes, venant à la succession du rappelant, seront assujetties au rapport. (Leb. *Succ.* l. 3, ch. 6, sect. 2, n° 1).

Les créanciers d'un héritier pourraient-ils demander le

rapport, par le motif que, n'étant pas un droit personnel attaché à la personne des cohéritiers, le rapport se fait plutôt à la masse de la succession qu'à ceux-ci ? Pothier tenait pour l'affirmative. (Introd. au tit. 17 de la *Cout. d'Orl.*, n°ˢ 89, 128). Toutefois Lebrun n'estimait pas que, dans les coutumes, d'égalité, les créanciers d'un des cohéritiers pussent obliger le renonçant à rapporter : sa raison était que la disposition de ces coutumes étant exorbitante, il fallait la restreindre le plus possible. Pothier n'admit point cette restriction. Puisque le droit au rapport, disait-il, est acquis à l'héritier, pourquoi les créanciers ne pourraient-ils pas l'exercer ? C'est un droit pécuniaire, estimable et qui est *in bonis*. (*Succ.* ch. 4, art. 2, § 6, *in fine*).

On se demandait encore si les créanciers du défunt, se trouvant en présence d'un héritier bénéficiaire, pouvaient demander le rapport. La raison de douter est que l'héritier, quoique bénéficiaire, est toujours héritier et comme tel soumis au rapport. Malgré cela, la réponse est facile. Sans doute l'héritier bénéficiaire doit le rapport. Mais à qui ? Aux cohéritiers seulement, et pour maintenir l'égalité, et non aux créanciers qui n'ont de droit que sur les biens de la succession. Or, les choses données ne font plus partie de la succession, puisque le donateur s'en est dessaisi de son vivant; donc le droit des créanciers n'existe plus.

Nous avons dit que, dans les coutumes d'égalité parfaite, le renonçant était obligé au rapport. Cela étant, on avait posé la question de savoir si le rapport devait avoir lieu, même en cas de renonciation de tous les héritiers ? Les uns disaient que, la coutume voulant l'égalité, le rapport était dû à tout évènement, soit que la succession eût été répudiée ou acceptée. Les autres disaient au contraire — et Lebrun paraissait pencher vers cette opinion — qu'il n'y avait que les héritiers à qui l'on fût tenu de rapporter (Lebrun, *Succ.* liv. 3, ch. 6, sect. 2). La question ne fut pas tranchée. Il paraît même que sur l'art. 378 de la coutume du Maine, il y eut une enquête par turbes et que les turbiers allaient à exclure le rapport. (Voy. égal. Pothier, *Succ.*, ch. 4, art. 2, § 6, *in fine*).

Terminons cet article en jetant un coup d'œil sur un point qui avait été vivement agité entre les anciens auteurs ; c'est celui-ci : l'héritier bénéficiaire qui a fait l'abandon des biens demeure-t-il néanmoins soumis au rapport envers ses cohéritiers? Lebrun, après avoir énuméré longuement les raisons pour et contre, se décide en faveur de la négative, pour les motifs suivants : Si l'on veut obliger l'héritier bénéficiaire qui renonce (ou qui a fait l'abandon des biens, c'est la même chose) à rapporter à ses cohéritiers, il est évident que l'on confond nos coutumes avec les coutumes d'égalité ; or on a toujours pensé que ces dernières coutumes sont singulières et que l'art. 307 de la nôtre permet à l'héritier de se tenir à son don, en renonçant à la succession. Ce n'est pas tout ; décider ainsi serait tendre un piége à l'héritier, si celui-ci trouvant la succession obérée de dettes, était obligé ensuite de renoncer ; et, précisément, le bénéfice d'inventaire a été introduit pour mettre à couvert ses intérêts (Leb. *Succ.*, *benef. d'inv.* n° 34).

Pothier soutenait, au contraire, l'affirmative. Il se fondait sur cette idée que l'abandon des biens n'est pas une renonciation ; que l'héritier bénéficiaire reste toujours héritier ; *semel hæres, semper hæres*; qu'enfin la séparation qui résulte du bénéfice d'inventaire est entre l'héritier et la succession, cette dernière demeurant seule chargée des dettes. Mais l'obligation au rapport n'est point une obligation de la succession ; c'est une obligation personnelle à l'héritier, indépendante de son acceptation bénéficiaire, et par conséquent, celui-ci peut être tenu sur ses propres biens, nonobstant l'abandon qu'il a fait de ceux de la succession.

Nous avons dit plus haut que les créanciers de la succession ne peuvent exiger le rapport ; il en est de même des légataires ; répétons toutefois que cela n'est vrai vis-à-vis des premiers qu'autant que la succession a été acceptée bénéficiairement ou que la séparation des patrimoines a été obtenue par eux ; car alors on peut dire comme en droit romain : *recesserunt a personâ hœredis.*

ARTICLE II.

Avantages soumis au rapport.

Le principe est posé dans l'article 303 de la Coutume de Paris: « Père et mère ne peuvent par donation entre-vifs, par testament et ordonnance de dernière volonté ou autrement, en manière quelconque, avantager leurs enfants venant à leur succession l'un plus que l'autre. » En manière quelconque, c'est-à-dire directement ou indirectement. Et remarquons tout de suite que Pothier, auquel nous empruntons cette interprétation, comprend, sous le nom de libéralités indirectes, ce que nous appelons aujourd'hui libéralités déguisées. Tel est le cas où un père, voulant avantager un de ses enfants, donne à une tierce personne, chargée secrètement de lui restituer, et celui où le déguisement a eu lieu par simulation des contrats ; par exemple, un père vend à son fils un bien dont il lui promet de ne pas exiger

le prix. Cet acte a les apparences d'un contrat à titre onéreux ;
au fond, c'est une véritable libéralité (voy. égal. Ferrières sur
l'art. 303, *Cout. de Paris*).

Ainsi le rapport est dû des avantages directs et indirects.
A cet égard, les auteurs examinent de nombreuses hypothèses. Nous ne prendrons que les principales. Que décider
dans le cas d'une vente à vil prix ? Cette question en suppose une autre résolue : celle de savoir de quelle importance
doit être l'avantage pour qu'il soit rapporté. Pothier ne s'y
arrête pas ; il se contente de dire qu'il y a avantage indirect
rapportable lorsque la vente a eu lieu pour un prix au-
dessous de la juste valeur de l'immeuble (Poth. *success.* Ch.
4, art. 2. § 2.). Lebrun pense qu'il est douteux que le
moindre profit, que le fils puisse faire sur la vente, soit sujet
à rapport.

En second lieu qu'est-ce qui devra être rapporté ? sera-ce
l'immeuble ou simplement la plus-value ? Une difficulté
semblable s'était élevée, en droit romain, pour le cas, où
le mari avait fait à sa femme une vente à vil prix. Cette
vente pouvait cacher une donation, or les donations entre
époux étaient interdites (l. 38. D. *De contrah. emptione;*
l. 75. *De donat. int. vir. et ux.*). Pothier qui rapporte
les controverses, auxquelles cette question avait donné
lieu, se rattache au sentiment de Julien. Ce jurisconsulte
estimait que la vente était nulle, comme étant faite pour
couvrir une donation ; et cela sans examiner si le mari avait
voulu ou non avantager sa femme. En conséquence il décide
que la vente doit être regardée comme une donation dégui-
sée rapportable. Pratiquement, il trouve cette opinion meil-
leure; car elle évite les procès et les discussions auxquels

aurait pu donner lieu l'interprétation de la volonté du *de cujus,* c'est-à-dire, le point de savoir s'il avait voulu, oui ou non, faire une libéralité.

On citait encore, comme avantage indirect, une transaction sur un compte de tutelle, intervenue entre le père et le fils, transaction par laquelle le père se reconnaissait débiteur d'une plus grosse somme qu'il ne devait. Le partage d'une communauté ayant existé entre le *de cujus* et son premier conjoint pouvait encore donner lieu à un avantage indirect, et par là au rapport au profit des enfants du premier lit. Cela pouvait arriver quand, dans les opérations du partage, l'époux sacrifiait en leur faveur des reprises qu'il aurait eu le droit d'exercer, ou souffrait qu'ils en exerçassent contre lui d'illégitimes. (Poth. *Succ.* ch. 4. art. 2, § 2).

Voici d'autres hypothèses plus compliquées. Une mère renonce à la succession de son frère, succession composée de fiefs. Cela se présentait surtout dans les coutumes où les mâles excluaient les femmes sur les biens nobles, en ligne collatérale ; la mère faisait alors parvenir ces fiefs à ses fils, à l'exclusion de ses filles. Mais les premiers, venant ensuite à la succession de leur mère, devaient-ils le rapport à leur sœur ? Pothier dit que non, par la raison qu'aucun bien n'est passé du patrimoine de la défunte dans celui de ses enfants mâles ; par sa renonciation elle est restée étrangère à la succession de son frère, et les biens de celui-ci ne lui ont jamais appartenus. (*Succ.* ch. 4, art. 2, § 2 ; *introd. au tit.* 17, n° 79.) Lebrun admet l'opinion contraire sans hésiter : Les filles demandent le rapport de ces fiefs afin de les partager comme faisant partie de la succession de leur mère ; la chose étant en ces termes, il y a lieu au rapport,

Une femme a renoncé à la communauté, qui avait existé entre elle et son premier mari, pour favoriser les enfants issus du premier mariage. Ceux-ci venant à la succession de le leur mère en concours avec ceux du second lit, seront-ils obligés au rapport de l'avantage reçu ? Cette question est délicate. Pothier avait d'abord soutenu que la mère étant réputée, par sa renonciation, n'avoir jamais eu aucun droit sur les biens de la communauté, les enfants du premier lit n'avaient rien reçu d'elle, et que, par conséquent, ils ne pouvaient être contraints de rapporter. On doit plutôt présumer ajoutait-il ensuite, que le parti qu'elle prend est celui qu'elle juge lui convenir le mieux, plutôt que de supporter l'intention d'avantager ses enfants. (*Introd. au tit.* 17 *de la Cout. d'Orl.* n° 79.) Et puis, ce serait donner lieu à des discussions et à des procès que de permettre de rechercher quelle a pu être l'intention de la mère. Cette opinion est conforme à celle que nous avons rapportée plus haut pour la renonciation à une succession.

Toujours dans le même passage, le jurisconsulte examine le cas où la mère aurait renoncé à une seconde communauté, pour favoriser les enfants du second lit au détriment de ceux du premier. Nous n'avons pas besoin de faire remarquer que ces deux espèces différentes dans leurs termes, sont au point de vue des principes tout à fait identiques. Cela dit, Pothier est revenu sur sa première opinion. Il trouve beaucoup de difficulté à se décider contre le rapport, parce que la femme avait un vrai droit dans la communauté, qui, par sa renonciation a passé d'elle à ses enfants. Et plus loin il la compare à un associé en commandite qui abandonne sa part pour être quitte des dettes. Prévoyant ensuite l'objection qui pouvait lui être faite sur l'hypothèse où, un père, ayant renoncé à une succession ou à un legs auxquels il était appelé conjointement avec son fils, il décide contre le rapport en faveur de ce dernier, il répond de cette manière : cette espèce-ci est différente de la précédente ; lorsque le père co-légataire d'un héritage fait avec son fils répudie le legs, on ne peut pas dire qu'il fait passer à son fils la remise d'un droit qui lui appartient, car on ne peut remettre qu'à son débiteur ; or ce n'était pas son fils, son co-légataire, qui était son débiteur de l'héritage qui lui a été légué. Mais, dans cette espèce ci, les enfants sont comme débiteurs envers leur mère de sa part dans les biens de la communauté de leur père ; en renonçant à leur communauté, elle leur fait passer le droit qu'elle avait en leur faisant remise. (*Succes.* ch. 4, art 2, § 2.) Malgré la clarté habituelle de Pothier nous ne voyons pas bien la différence qu'il veut trouver entre ces hypothèses. Nous aimons mieux décider, avec Lebrun, qu'il n'y a pas lieu au rapport. (*Succ.*, liv, 3, ch. 6, sect. 3, n° 21.) Il ne faut pas considérer si les enfants du second lit profitent de la renonciation de la mère à la communauté ; car, en renonçant, elle n'est point présumée les avantager. En tout cela, il n'y a pas davantage sujet au rapport.

Nous laissons une autre question qui a tellement d'analogie avec la précédente, que, si nous l'examinions, nous n'aurions qu'à répéter en sens inverse ce qui vient d'être dit ; c'est celle de savoir si on permettrait aux enfants d'un second lit de demander le rapport aux enfants du premier, dans le cas où la mère a accepté une communauté mauvaise de son premier mari, alors qu'elle avait le droit de reprendre les apports en renonçant.

Et maintenant, l'idée qui se dégage de toutes ces discussions est celle-ci : pour être tenu du rapport, dans notre ancien droit, il ne suffit pas d'avoir reçu du défunt un avantage direct ou indirect ; il faut encore que celui ci ait fait passer quelque chose de son patrimoine dans celui du successible.

ARTICLE III

Avantages dispensés du rapport.

Il y avait relativement à ce point une assez grande diversité dans les coutumes. L'art. 309 de la coutume d'Orléans s'exprime ainsi : « Les nourritures, entretènements, instruction et apprentissage d'enfants ne se rapportent. » D'autres coutumes exigent que les frais aient été faits du vivant du père et de la mère, à une époque où l'enfant n'avait pas de biens personnels (*Auxerre*, art. 255) ; d'autres encore qu'ils soient modérés, et en rapport avec la qualité des personnes, ou que les enfants ne soient pas mariés et établis (*Vermandois* art. 95 ; *Chauny.*, 105.). Mais la plupart s'accordaient pour exclure les frais de noces et de banquet ; elles y assujettissaient, au contraire, les habits nuptiaux et le trousseau.

Les frais d'équipement font partie de l'entretènement, et, comme tels, ils sont soustraits au rapport. Ceux d'instruction y échappent aussi. Pothier énumère les dépenses que l'on doit considérer comme dépenses d'instruction: pension des enfants, honoraires des maîtres, etc., le tout suivant les facultés du père. (Voy. *Guy Coquil'e, quest.* 163; id. *Lebrun.*)

Il paraît qu'il y avait eu difficulté pour les frais de doctorat. Pothier (ch. 4, art. 2, § 3, *Succes.*) les y soumet comme rentrant dans les frais d'établissement. Lebrun décide de même (*success.* liv. 3, ch. 6 sect. 3, n°s 48, 49, 50 et suiv.) Mais Ferrière (sur l'art. 303, *C. de Paris*) les dispenses, par la raison que le doctorat est un *titulus sine re*. Il fait exception toutefois pour le titre de docteur en médecine de la Faculté de Paris qui était très-dispendieux. Nous voyons par là que Ferrière faisait dépendre la question des circonstances, des biens que le père a laissés, de la fortune de celui pour qui ils ont été faits, et de l'état des autres enfants qui en demandent le rapport. C'est aussi l'opinion de Merlin (Voy. *Repert. Rapp. à succcss.*, § 4, art. 2).

A cette occasion, Lebrun et Pothier se demandent encore si, dans une coutume n'admettant pas les legs par préciput, un père qui a fait des dépenses considérables pour l'éducation de ses enfants, eu égard à sa fortune, ne pourrait pas dédommager les autres au moyen de prélegs ?

Le premier de ces jurisconsultes commence par écarter le cas de fraude, c. a. d., celui où le père aurait exagéré les frais d'étude, pour avoir l'occasion de faire une libéralité à ses autres enfants; et alors, il applique incontestablement la règle de l'incompatibilité dont nous parlerons bientôt. Mais, si la cause de la libéralité est véritable, si les frais d'étude ont été faits sérieusement, il ne va pas jusqu'à en exiger le rapport (*Cout. de Laon* art. 97). Pothier est d'avis contraire; il pense que la coutume de Laon, qui permettait le legs, doit être restreinte à son territoire. (*Poth. Succ.* ch. 4, art. 2, § 3.)

Que décider quant aux fruits et intérêts des choses données? Parlons d'abord de ceux qui ont été perçus pendant la vie du père. La disposition de la coutume de Paris est formelle, art. 309 : «Les fruits de la chose donnée par père ou mère, aïeul ou aïeule, soit héritage ou rente, ne se rapportent, sinon du jour de la succession échue ; et s'il y a deniers baillés les profits se rapporteront, depuis le dit temps, à raison du denier vingt. (Voy., égal. *Cout. d Orl.* 286, 287, *de Bretagne*, 597.) Et Merlin nous dit que les arrêts ont étendu ces dispositions aux coutumes qui ne les avaient pas adoptées d'une manière expresse (*Repert. Rap. Rapp. à succ.* § 4, art. 2). Pothier explique notre disposition en disant que ce qui a été donné à l'enfant, c'est l'héritage. Sans doute celui-ci a perçu les fruits à l'occasion de la chose qui lui a été donnée ; mais ces fruits ne lui ont point été donnés. Nous reviendrons sur cette raison en étudiant notre Code.

Ainsi les fruits de la la chose donnée ne se rapportent point, sinon du jour de la succession échue. Cependant Ferrière fait exception pour le cas où, après la dissolution du mariage, le survivant qui n'a pas fait inventaire donne à un de ses enfants mineurs, en le mariant ou autrement, un bien de la communauté continuée. Celui-ci, rapportant à la succession du donateur, devait les fruits, à partir du décès, pour moitié à cette succession, et pour l'autre moitié à la communauté, à partir de la donation. Ce rapport s'appelait rapport à la communauté (Lebrun, *succ.* liv. 3, chap. 6, sect. 3, n° 57). Toutefois, d'après ce que rapporte Merlin, cette opinion ne semble pas avoir prévalu dans notre ancienne jurisprudence.

Quid, du rapport des sommes données ? Pothier nous dit que, d'après la coutume de Paris, qui forme le droit commun, le rapport se fait sur le pied du denier 20, à partir de l'ouverture de la succession, et à partir de la provocation à partage, dans la coutume d'Orléans. Duplessis et Bourjon considéraient au contraire le moment de la demande formée par les autres cohéritiers. La jurisprudence n'admit pas cette opinion, parce que celui qui aurait rapporté la somme aurait profité des fruits des héritages rapportés par ses cohéritiers, sans compensation pour ceux-ci ; et l'égalité aurait été détruite.

Mais si les fruits, au lieu d'être l'acccessoire d'une libéralité en sont l'objet direct et unique, que déciderons nous ? Est-ce que nous les soumettrons toujours au rapport ? Il y avait là dessus des divergences nombreuses entre les auteurs ? Lebrun considère les pensions ou jouissances données comme autant de capitaux qui doivent être remis à la masse de la succession. Ferrière et Chopin étaient d'avis contraire (leur opinion fut partagée par le Parlement de Normandie) ; ils disaient que, si on obligeait l'enfant à rapporter, il pourrait se trouver ruiné, surtout si les pensions à lui faites avaient été trop fortes.

Relativement aux fruits perçus après le décès du *de cujus*, le rapport en est dû depuis l'ouverture de la succession. Toutes les coutumes qui avaient prévu cette question l'avaient décidée ainsi, dans le sens de l'obligation au rapport. Toutefois il y avait quelque divergence sur le point de départ de cette obligation ; dans la coutume d'Orléans c'était la première démarche à fin de partage, comme la demande aux fins qu'il soit procédé à l'inventaire, et la demande en partage faite en jugement, dans la coutume de Bretagne (art. 597).

APPENDICE. 1° *Rapport des dettes.* — Le rapport des dettes dans notre ancien droit est une œuvre de la jurisprudence. Les coutumes, et notamment celle de Paris, la plus importante, n'avaient point de disposition spéciale à ce sujet. Remarquons de suite que nos anciens auteurs ne parlent pas des dettes, en général ; ils s'occupent seulement des sommes prêtées par le *de cujus* à son successible. On a poussé si loin l'exactitude des rapports, dit Pothier, qu'on a obligé l'enfant au rapport, non-seulement des sommes qui lui auraient été données, mais même de celles qui lui auraient été prêtées (*Succ.* ch. 4, art. 2, § 2). Et Lebrun : Le fils qui emprunte de son père une somme de deniers est obligé de la rapporter à la succession, suivant les arrêts qui sont communs dans les livres (*Succ.* liv. 3, ch. 6, sect. 2, nᵒ 2.). C'est que le prêt deviendrait un avantage s'il n'était point rapporté, car le fils emprunteur se trouverait avoir sa part ou une portion de sa part tandis que les autres n'auraient contre lui qu'une simple créance.

L'emprunteur lorsque sa dette n'était pas encore échue au moment de l'ouverture de la succession, perdait le bénéfice du terme ; le terme constituait lui-même un avantage rapportable. Si le fils débiteur du successible avait obtenu une remise au moyen d'un concordat et venait plus tard à la succession, il n'était pas pour cela dispensé du rapport intégral. Pothier dit que ce résultat n'est pas douteux. Nous verrons s'il en serait encore de même sous l'empire de notre Code.

Le rapport est également dû quand il s'agit d'argent prêté, converti en rente perpétuelle, et par conséquent inexigible. L'aliénation même du capital est à l'égard du fils un avantage qui est, comme tel, sujet à rapport. (Bourjon, *Droit comm.*, 2ᵐᵉ part., ch. 6, sect. 2, nᵒ 9.)

Sous la coutume de Paris le rapport des dettes s'appliquait même en ligne collatérale, tandis que le rapport des donations n'avait lieu qu'en ligne directe. La raison est qu'on prête plus facilement que l'on ne donne. Le rapport se faisait en moins prenant; le successible imputait sur sa part héréditaire ce dont il était débiteur, et chacun des cohéritiers prélevait sur les biens de la succession une valeur égale à l'encontre des créanciers antérieurs du cohéritier débiteur. Ce résultat n'était pas injuste comme nous le verrons sur l'article 829. Il avait été admis sans difficulté en ligne directe ; mais il n'en avait pas été ainsi en ligne collatérale, dans la coutume de Paris. Lebrun après avoir discuté longuement la question, se prononce pour l'imputation. Le motif qu'il donne est le suivant : les lots étant garants les uns des autres, si l'héritier débiteur devenait plus tard insolvable, il est certain qu'il serait responsable sur sa part de son insolvabilité, par suite du recours qu'auraient contre lui ses cohéritiers non payés ; de sorte qu'il est bien plus simple pour éviter un circuit inutile, de faire immédiatement l'imputation, *celeritate conjungendarum actionum*. Cette raison est bien faible. M. Labbé le montre de la manière la plus évidente (Voy. *Rapport des dettes*.). Si on argumentait de l'obligation de garantie contre l'héritier débiteur, on n'arriverait jamais à lui faire supporter plus que sa part dans la dette héréditaire, car la garantie a pour objet de répartir entre tous les insolvables le fardeau de la perte, et non de la faire tomber sur un seul. Pour donner la véritable explication de ce point, il faut toujours s'attacher à l'idée d'égalité ; il ne serait pas juste, en définitive, que l'enfant fît retomber sur ses cohéritiers la perte résultant de ses mauvaises opérations.

Maintenant, si le rapport à effectuer était supérieur à la part héréditaire du successible, Bourjon pense que le surplus devrait être rapporté de suite.

5.

2° *Incompatibilité des qualités d'héritier et de légataire, dans la Coutume d'Orléans.*

Nul ne peut être héritier et légataire d'un défunt ensemble (*Cout. de Paris*, art. 300.). C'est ce que Loysel exprimait, en disant : « En succession directe, on ne peut être héritier et légataire, aumônier et parçonnier; mais donataire et héritier en ligne collatérale » (Loysel, *Instit. Cout.*, l. 2, tit. 4, art. 12.). Tel était à peu près aussi l'article 288 de la Coutume d'Orléans.

Quelle pouvait être la raison de cette disposition ? Ferrière (sur l'art. 300 de la *Cout. de Paris*) l'explique par cette idée que c'est le titre universel d'héritier qui empêche celui de légataire. Si, en effet, l'héritier pouvait être légataire, il serait créancier de lui-même, ce qui est impossible. Ce raisonnement est tout-à-fait inexact, et Pothier n'a pas de peine à le réfuter. Si le legs fait à un successible ne peut pas valoir pour la portion qui lui a été léguée, au moins est-il valable pour celle de ses cohéritiers. Lebrun donne une autre explication. Suivant lui, cette règle aurait eu pour but d'empêcher que les propres ne changeassent de ligne: « Ainsi, un héritier des propres maternels ne rapporte point avec un héritier des propres paternels. Comme on a jugé néanmoins à propos de ne pas confondre les propres des deux lignes, on n'a pas voulu que l'un d'eux pût être héritier des propres de sa ligne et légataire de l'autre ligne. » Il n'est pas probable que ce soit là le véritable motif ; les propres étaient garantis assez efficacement par la réserve coutumière. Suivant Pothier, notre règle a pour motif de maintenir l'égalité entre les héritiers, afin d'assurer la paix dans les familles. Quoiqu'il en soit, l'incompatibilité avait lieu même en ligne collatérale et directe ascendante ; tandis que le rapport des dons n'avait lieu qu'en ligne directe descendante. Ceci est assez bizarre. C'est probablement parce que l'inégalité paraît plus choquante au moment du décès que quand on y est preparé depuis longtemps, comme dans le cas d'une donation ; et puis on donne plus facilement qu'on ne lègue ; car celui qui donne préfère le donataire à lui-même ; celui qui lègue préfère son légataire à son héritier. Il y avait, malgré cela, des coutumes qui permettaient d'être héritier et légataire en même temps. Telles étaient les coutumes de Rheims, Tournai, Poitou, Noyon, Péronne. (Voy. Merlin, *Répert. Héritiers*, sect. 6, tit. , § 10, art. 1er). Les deux dernières exigent pour la condition de validité du legs qu'il soit fait en forme de prélegs et hors part.

Relativement aux coutumes muettes, Lebrun est d'avis de leur étendre la règle de l'incompatibilité, et, à cet égard il partage l'avis de Ricard. Il rapporte un arrêt de la grand'chambre du 7 décembre 1648, qui décida que dans la coutume de Vermandois (coutume muette), il y avait lieu à l'extension. Malgré cet arrêt, la jurisprudence était fixée en sens contraire. Merlin cite un arrêt de la seconde Chambre des enquêtes, du 21 janvier 1713, qui déclara compatible les qualités d'héritier et de légataire universel. La question s'était présentée sur l'art. 42 de la coutume de la Rochelle. Cette coutume interdisait entre enfants ou autres héritiers présomptifs tout avantage en biens propres ; mais elle n'avait rien dit des acquêts ; il s'agissait alors de savoir si on devait appliquer la prohibition.

Dans toutes les coutumes, l'héritier pouvait garder son legs renonçant. Ajoutons que notre règle ne s'appliquait que dans les hérédités *ab intestat*, et de plus, à la condition d'être héritier de l'espèce de biens dont on était légataire. Ainsi, une personne héritière de biens situés dans une coutume, et non appelée à d'autres situés dans une coutume différente, pouvait être légataire de ces biens. D'après Ferrière, (sur l'art. 300 de la *coutume de Paris*), un arrêt de la Chambre des enquêtes, du 6 juin 1685, confirme cette doctrine. C'est ce qu'établit aussi Pothier. De même, dans une coutume, on peut être héritier et légataire de différentes espèces de biens. L'héritier des propres paternels pouvait être légataire des meubles et acquêts, et du quint des propres maternels (Ferr. sur l'art. 300 de la *cout de Paris*, Pothier, *succ.* ch. 4, art. 13; § 2), parce qu'il y a là des successions distinctes. Pothier ajoute, cependant, que la jurisprudence n'était pas constante sur ces questions.

Enfin, l'héritier appelé à une succession par deux coutumes, pouvait-il prendre la qualité d'héritier dans l'une, et la répudier dans l'autre, afin d'y recueillir comme légataire le bien dont il était héritier ? Cette question avait été vivement agitée. Les uns disaient que sa qualité d'héritier étant indivisible, on ne peut être héritier seulement dans une coutume, lorsqu'on est appelé par plusieurs. Celui, qui est habile à succéder partout, est partout saisi de plein droit; s'il accepte dans une coutume, il accepte par là-même dans toutes les autres. Les partisans de l'affirmative répondaient : il n'est pas exact de soutenir dans notre espèce que l'héritier divise sa qualité, il fait tout simplement son choix entre les diverses successions auxquelles il est appelé ; cela est si certain, que dans une même coutume, il pourrait accepter une succession immobilière , et répudier la succession mobilière à cause de la réalité des coutumes. On peut donc dire : *Tot sunt hæreditates quot bona diversis territoriis obnoxia.*

Comme nous le voyons, la règle de l'incompatibilité, était de statut réel. Pour savoir si elle était ou non applicable, c'était la coutume du lieu de la situation de l'héritage qu'il fallait considérer. En matière de meubles, c'était le domicile du défunt.

ARTICLE IV.

A qui doit être faite la donation pour donner lieu au rapport?

Sans aucun doute, le successible rapportait ce qu'il avait reçu personnellement du défunt. Mais on allait plus loin. Il arrivait souvent, dans cette matière, qu'une personne fût obligée de rapporter ce qu'une autre avait reçu. Quand ce fait se produisait, on disait qu'il y avait rapport pour autrui. (Lebrun, *Succ.* ch. 6, sect. 2, n° 45).

Parcourons quelques hypothèses ; elles sont utiles pour l'intelligence du Code civil.

C'est d'abord l'art. 306 de la coutume de Paris : « Ce qui a été donné aux enfants de ceux qui sont héritiers et viennent à la succession de leur père, mère et autres ascendants, est sujet à rapport ou à moins prendre. » La raison est, dit Ferrière, qu'ils sont censés une même personne avec lui, et que le don est présumé leur avoir été fait en sa faveur. Pothier est encore plus explicite ; il dit que ce serait faire un avantage indirect à un père ou à une mère, que de donner à leurs enfants ; car, regardant nos enfants comme d'autres nous-mêmes, n'acquérant nos biens que pour eux, nous devons réputer donné à nous-même, ce qui leur est donné. Et plus loin, il ajoute qu'il serait facile d'éluder la loi du rapport, si le père, voulant donner au fils sans qu'il fût sujet à rapport, avait la faculté de donner aux enfants de ce fils. Il faut, toutefois, excepter les donations rémunératoires faites par l'aïeul à son petit-fils. (Ferrière, sur l'art. 306 de la *coutume de Paris.)* Fallait-il étendre notre disposition aux coutumes qui avaient gardé le silence sur ce point ? Merlin distingue entre celles qui prohibent tout avantage direct ou indirect entre enfants et celles qui ne renferment pas de pareille défense. Dans les premières, il applique sans difficulté l'art. 306 de la coutume de Paris, et le rejette dans les autres; en effet, la crainte des avantages indirects étant le seul motif de notre article, il est bien évident qu'il n'y a pas lieu de l'appliquer dans les coutumes qui les autorisent. Ainsi, le père rapporte à la succession de son père ce qui a été donné à son fils. Mais que décider si le petit-fils, qui a reçu une libéralité de l'aïeul, vient ensuite à la succession de son père ? La rapportera-t-il à cette succession ? Oui, dans le cas où le père l'aurait remise à la masse de la succession de l'aïeul. C'est ce qui arrive lorsque le père, ayant des frères et sœurs, a été obligé de tenir compte, dans la succession de l'aïeul, de ce qu'il avait donné au petit-fils (Lebrun, *Succ.* liv. 3, ch. 6, sect. 2, n° 47. Ferrière sur l'art. 306).

Pareillement, l'enfant qui arrive à la succession de l'aïeul ou de l'aïeule, par suite du prédécès de son père ou de sa mère, rapporte les dons faits à ceux-ci, encore qu'il renonce à leur succession. (Art. 308 *cout. de Paris.)* Et la raison, pour laquelle il n'est pas déchargé du rapport, même par la renonciation de son auteur immédiat, est qu'il succède toujours par représentation : « *qui alterius jure utitur, eodem jure uti debet* ». (Lebr. *succ.* liv. 3, ch. 6, sect. 2, Guy Coquille, sur la *coutume du Nivernais*, ch. 27, art. 10.)

Dans l'ancien droit, il y avait certaines hypothèses où l'on appliquait les règles de la représentation, bien qu'il ne pût s'agir de représentation dans le sens strict du mot. Cela avait lieu quand, tous les enfants du premier degré ayant renoncé, les petits-enfants arrivaient à la succession de l'aïeul. Ici les petits-enfants étaient tenus au rapport. Lebrun en donne deux raisons : la première c'est qu'ils viennent à la succession, par une image de représentation; la seconde c'est qu'ils succèdent par souche ; or c'est un principe qu'en ligne directe les branches doivent être égales dans chaque souche ; et pour cette raison ce qui a été donné au fils est réputé donné à toute sa branche. (Lebrun *Succ.* ch. 6, sect. 3, n° 50.) Merlin combat cette opinion et soutient que la représentation est sans effet. (Voy. égal. Ferr. sur l'art. 308).

Il pouvait arriver, par suite de cette idée que ce qui a été donné au petit-fils est donné en contemplation du père, qu'un frère fut obligé de rapporter la libéralité qu'avait reçue son frère. Le frère, succédant à l'aïeul par représentation du père devait rapporter la donation faite à son frère renonçant et que son père eût remise à la masse, s'il eût survécu. (Poth. *succ.* ch. 4, art. 2, § 4. Lebrun, liv. 3, chap. 6, sect. 2, n° 54.)

Une question, qui avait divisé les auteurs, était celle de savoir si la fille rapportait ce qui avait été donné à son mari, dans l'intention réelle de le gratifier. Nous sommes obligés de renvoyer aux sources : notre sujet est si vaste qu'il nous est impossible de l'épuiser complètement. (Voy. Pothier *succ.* ch. 4, art. 2, § 4.; Lebrun, liv. 3, ch. 6, sect. ; Merlin. *Repert.*, *rapp.* §§ 11, 12, 13, 14 et suiv. ; Ferr. sur l'art. 308.)

ARTICLE V.

A quelle succession se fait le rapport ?

Le rapport se fait à la succession du donateur, parce que c'est à cette succession que doit être rétablie l'égalité. Et cela s'entend de ce qui a été donné en avancement d'hoirie et non autrement. Ainsi, supposons une donation faite par le mari commun agissant au nom de la communauté et en effets de cette communauté. De deux choses l'une : ou la femme accepte ou elle renonce. Dans le premier cas, la femme étant réputée donner pour moitié avec le mari, le rapport se fera dans cette mesure à sa succession. Dans le second cas, le père se trouve avoir doté seul ; c'est à sa succession que se fera le rapport ; la femme est censée n'avoir rien donné, la communauté seule est considérée comme donatrice.

Si le mari et la femme ont doté conjointement en effets de la communauté, soit que la femme accepte ou renonce, le rapport a lieu pour moitié à la succession de chacun des époux. Mais comme par sa renonciation la femme perd tout droit dans les biens de la communauté, et que le mari se trouve avoir fourni le total de la dot, récompense sera due à celui-ci. Quand la dot a été constituée conjointement, mais en biens propres à l'un des époux, le rapport se fera pour moitié à la succession de chacun, sauf récompense, dans la même proportion, au profit de celui auquel appartient le propre. C'est du moins l'opinion de Ferrière sur l'art. 304 de la coutume de Paris. (Voy. égal. Poth., ch. 4, art. 2, § 5.) Lebrun, (*Succ.* liv. 3, chap. 6, sect. 2, n° 72.) voulait ici que, quand la succession du propriétaire du bien propre s'ouvrait la première, le rapport eût lieu intégralement à sa succession, sauf le droit pour l'enfant de réclamer une indemnité à l'autre époux. Pothier avait soutenu ce système dans son introduction au titre 17 de la coutume d'Orléans. Mais il semble l'avoir abandonné dans son traité des successions.

ARTICLE VI.

Comment on rapporte ?

Nous distinguerons, comme on le fait aujourd'hui entre les meubles et les immeubles.

1° *Immeubles*. Le rapport des immeubles se fait en essence ou espèce : telle est la disposition de l'art. 305 de la coutume de Paris. Ce principe était général : on ne trouvait d'exceptions que dans quelques coutumes (*Anjou, Maine et Lodunois,* etc.); ces coutumes permettaient de substituer au rapport de l'héritage le rapport du prix à l'époque de la donation. Pothier explique la disposition de la coutume par la nécessité de maintenir une égalité parfaite entre les enfants ; et cette égalité n'aurait pas été observée, si l'un avait pu retenir devers lui de bons héritages, pendant que les autres n'auraient eu que de l'argent dont ils auraient eu souvent la peine de faire un bon emploi. (Poth. *succ.* ch. 4 art. 2, § 7.) Cependant, même dans la coutume de Paris, le rapport des immeubles n'avait pas toujours lieu en nature. Quand il y avait dans la succession, des immeubles de même nature, valeur et bonté, l'héritier donataire avait la faculté de rapporter en moins prenant. C'est ce qu'exprime l'article en disant : « ou moins prendre en autres héritages de la succession de pareille valeur et bonté » . L'égalité est satisfaite, c'est tout ce que veut la coutume.

Le donateur pourrait-il défendre le rapport en espèce,

Il le pourrait en partageant les biens entre ses enfants par testament. (Ferrière. sur l'art 305.) Mais, hors ce cas, le donateur ne peut pas plus dispenser du rapport en nature que du rapport lui-même, parce que cette dispense pourrait préjudicier aux autres, contrairement à l'article 303.

Inversement, le père pourrait-il ordonner dans tous les cas le rapport en espèce ? Il paraît qu'il avait été jugé que cette clause était licite. Et malgré cela, Ferrière distingue si cette clause a été imposée par l'acte même de donation, et si les immeubles ont été aliénés ou non ; et il pense que dans la première hypothèse le donataire ne peut être obligé de rapporter en espèce. Pothier ne prévoit pas cette question.

Relativement aux améliorations, voici la règle. Il faut distinguer si les améliorations, qui existent au temps du rapport, sont naturelles ou industrielles. Les premières profitent à la succession. A l'égard des secondes, il doit en être tenu compte par la succession au donataire, jusqu'à concurrence du profit qu'elle en retire, si la plus value est inférieure à la dépense, et jusqu'à concurence de la dépense, si la plus value est supérieure. On considère le temps du partage. C'est une conséquence du principe que personne ne doit s'enrichir aux dépens d'autrui : « *neminem æquum est locupletari cum alterius detrimento.* » Tout autre est le principe pour les impenses nécessaires.

Ces dernières doivent être remboursées intégralement au donataire encore qu'elles aient été détruites par quelque cas fortuit.

Les impenses voluptuaires restent à la charge du donataire ; il a seulement le droit de les enlever, s'il peut le faire sans détériorer l'immeuble. Pareillement, il ne sera pas tenu compte au donataire des dépenses d'entretien ; elles sont charge des fruits.

L'enfant n'a que la voie de la rétention pour se faire tenir compte de ses impenses, si ces cohéritiers ne veulent pas les lui rembourser (306. *Cout. d'Orl.*). C'est du moins l'opinion de Pothier. Toutefois Merlin n'est pas de cet avis ; il pense que l'art. 306 de la coutume d'Orléans n'exclut pas le donataire du droit de se pourvoir par une action directe. Aujourd'hui le donataire a certainement une action directe, et de plus, il n'est pas dispensé du rapport en nature. Si les cohéritiers ne veulent pas rembourser, le donataire est tenu de rapporter seulement l'estimation des dits héritages, eu égard au temps que division et partage est fait entre eux, déduction faite desdités impenses.

Si, au lieu d'amélioration, nous sommes en présence de dé tériorations nous ferons la même distinction : à savoir, si elles proviennent de cas fortuits ou de la faute du donataire. Si elles proviennent de cas fortuits, le donataire tiendra compte à la succession de la moins value au moment du partage. En cas de perte totale par cas fortuit, le donataire sera libéré ; de perte par sa faute, il rapportera l'estimation de l'immeuble péri, à l'époque que nous venons d'indiquer.

Nous nous sommes placés jusqu'à présent dans l'hypothèse où l'immeuble est resté dans le patrimoine du donataire. *Quid* lorsqu'il a été aliéné ? Quand l'aliénation a été nécessaire, le donataire rapporte le prix reçu. Cela se présentait par exemple, quand il était obligé de vendre par arrêt de Conseil la maison qui lui avait été donnée. Si l'aliénation a été volontaire, ce n'est plus le prix reçu qui doit être rapporté;

c'est la valeur de l'immeuble au moment du partage, parce que le donataire ne peut transformer l'objet de son obligation ; sauf à tenir compte des améliorations ou des dégradations provenant de cas fortuits ou de la faute du tiers acquéreur, au moment du partage.

Comme aujourd'hui, les droits réels constitués par le tiers acquéreur sont résolus.

En résumé donc, le rapport se faisait en moins prenant, quand il y avait dans la succession des immeubles de même nature, valeur et bonté ; en cas de perte totale, par la faute du débiteur; d'aliénation volontaire ou forcée; enfin quand le donateur avait dispensé du rapport en nature, dans une coutume de préciput.

Dans les coutumes de Paris, d'Orléans et dans la plupart des autres, les rentes même constituées étaient immeubles. Comment devaient-elles être rapportés ? En principe on les rapportait, comme les immeubles en nature, et d'après leur valeur, au moment du partage. L'application de cette règle était fréquente pour les rentes sur l'Hôtel-de-Ville. Ces rentes étaient-elles diminuées à l'époque où nous nous plaçons, le donataire les rapportait telles qu'elles étaient ; la diminution constituant un cas fortuit auquel il se trouvait complètement étranger. C'est ce que nous apprend Ferrière sur l'art. 305 de la coutume de Paris. Quand une rente foncière a fait l'objet de la donation, ce qui est sujet à rapport, c'est l'héritage lui-même, si le débiteur de la rente a déguerpi ; le capital remboursé, s'il s'agissait d'une rente constituée. Lebrun explique ceci par cette idée que celui qui crée une rente foncière, à son profit, conserve l'héritage à proportion de la rente. La rente a été donnée avec une disposition prochaine qu'elle avait d'être éteinte et abolie par le déguerpissement du débiteur, qui subroge de nouveau l'héritage au lieu de la rente, comme la constitution de rente avait subrogé la rente au lieu de l'héritage. Ce raisonnement s'applique aussi bien à la rente constituée ; et c'est pour cela que nous avons ajouté celle-ci à la rente foncière dont parle uniquement Lebrun. (Lebrun, *Succ.* liv. 3. ch. 6. sect. 3, n°s 26. 27.)

Mais si l'héritier donataire en gardant l'héritage offrait de continuer le service de cette rente, devrait-il être écouté? Non, il est devenu débiteur de l'héritage par suite du déguerpissement du crédit-rentier ; il ne peut être en son pouvoir de changer l'objet de son obligation. C'est la conséquence de l'idée précédente. (Voy. Pothier *succ.* ch. 4, art. 2, § 7 ; Merlin, *Repert. rapp.* § 8). Il en est de même quand la conversion s'est faite par son fait ou sa faute, comme s'il avait accepté le rachat d'une rente qui n'était pas rachetable, ou le déguerpissement de la part d'un débiteur qui ne pouvait déguerpir. Il demeurerait toujours obligé au rapport de la chose en essence ou espèce ; et faute de pouvoir le faire, la chose n'existant plus, il devrait rapporter l'estimation de ce que cette chose vaudrait au temps du partage, si elle subsistait encore. (Ferr. sur l'art. 305 *C. de Paris* Lebr. *succ.* liv. 3, chap. 6, sect. 3, n°s 26, 27 ; Merlin, *rapport. à succ.* § 8.)

2° *Meubles.*— Les meubles ne se rapportent pas en essence et espèce comme les immeubles ; ils se rapportent d'après leur valeur vénale au moment de la donation. Cette différence s'explique ; les meubles sont soumis à des causes nombreuses de détérioration ; il est d'une bonne administration de les vendre.

Il suit de là que les meubles sont aux risques du donataire qui n'en devrait pas moins le rapport du prix, quand même ils auraient péri. Ce n'était cependant pas l'avis de tous les auteurs. Lebrun distingue s'ils se diminuent ou non par l'usage. Dans le dernier cas, le rapport se fera en nature; cela se présentait pour les perles, les diamants, etc... Dans le premier, d'après ce qu'ils pouvaient valoir au temps du partage.

Ferrière n'admettait pas cette distinction. Suivant lui, pour l'estimation des meubles sujets à rapport, c'est toujours le moment du partage qu'il faut considérer. Il paraît que ce fut la doctrine de Pothier qui passa dans la pratique, comme nous l'atteste Bourjon.

La fille est-elle obligée de rapporter sa dot mobilière ou seulement de céder à la succession l'action quelle a contre son mari, si celui-ci est devenu insolvable? Dans les pays de droit écrit et en Normandie on appliquait la Novelle 97. A Paris, en aucun cas, la fille ne rapportait son action, elle devait rapporter sa dot (Arrêt du 30 av. 1605. Louët, lettre R § 54). L'arrêt était de la Grand'chambre.

Lorsque les meubles avaient été estimés, les cohéritiers pouvaient demander le rapport de l'estimation.

Au point de vue qui nous occupe, les offices vénaux de finance de judicature, et les offices domaniaux étaient considérés comme des meubles. On les rapportait d'après leur valeur au moment où ils avaient été conférés.

DROIT INTERMÉDIAIRE.

L'Assemblée constituante proclame l'égalité des partages *ab intestat*, à la suite d'un discours de Mirabeau, lu par Talleyrand. Dans ce discours, Mirabeau demandait qu'on enlevât au père tout droit de disposition envers l'un de ses enfants vis-à-vis d'un étranger, il permettait seulement les libéralités d'un dixième. Robespierre étendit ce système à la ligne collatérale.

Un premier décret du 7 mars 1793 vint donner satisfaction à ces idées. Il abolit la faculté de disposer soit à cause de mort, soit entre-vifs, au profit des descendants ou des ascendants. Il ne s'occupait pas des collatéraux ; il voulait maintenir entre enfants l'égalité proclamée par la constituante. Le père et la mère pouvaient encore doter leur enfant, mais la donation n'était valable que comme avancement d'hoirie.

Bientôt après, vint la loi du 5 brumaire an II. Le système, établi par cette loi, est celui des coutumes d'égalité parfaite. Elle permet de disposer du dixième de son bien, si on a des héritiers en ligne directe, du sixième si l'on n'a que des collatéraux, le tout, bien entendu, au profit d'étrangers. Elle s'applique aux successions ouvertes depuis le 14 juil. 1789 (Art. 9, 11). Il n'y avait d'exception que pour les donations et dispositions par contrat de mariage, en ligne collatérale (Art. 10). L'héritier renonçant était néanmoins assujetti au rapport.

La loi de nivôse an II qui règlementa complètement le système successoral ne fit que reproduire, en ce qui nous concerne, les dispositions de la loi de brumaire (art. 8, 9). Ces lois étaient injustes ; elles portaient une atteinte trop considérable au droit de propriété et à la liberté du disposant, elles devaient disparaître avec le retour à des idées plus modérées. Un premier coup leur fut porté par le décret du 7 floréal, an III, qui suspendit toute action commencée en exécution de la rétroactivité des lois de brumaire et de Nivôse an II. La loi du 9 fructidor an III abolit définitivement la rétroactivité.

La loi du 4 germinal an VIII, entra franchement dans la voie des réformes. Son but principal fut d'élever le disponible. Ce disponible est du quart, si le défunt laisse trois enfants, au moins; du cinquième s'il en laisse quatre, etc..; de moitié s'il laisse des ascendants, neveux ou nièces, frères et sœurs; des trois quarts, si ce sont des cousins ou cousines germains, etc. Mais au point de vue où nous nous plaçons la disposition importante de cette loi est l'art. 5. Le disponible que nous venons d'énumérer peut être laissé par préciput,au profit d'un ou de plusieurs des successibles eux-mêmes. (Voy. sur cette loi,M. Boissonn., *Hist. de la rés. héréd*, liv. 2, ch. 7, sect. 3, p, 351.... 354).

L'art. 5 qui contient cette innovation a donné lieu à une difficulté. Il dit que les libéralités autorisées par la présente loi pourront être faites au profit des enfants ou autres successibles du disposant, sans qu'ils soient sujets à rapport. Que signifient ces derniers mots? S'agit-il d'une dispense légale de rapport, ou d'une dispense laissée à la volonté du disposant ? Un arrêt de Riom, du 21 juin 1809, les entend dans le sens d'une dispense légale ; le législateur aurait alors consacré le système des anciennes coutumes exclusives du rapport. Cela paraît bien exagéré. Nous préf. rons l'opinion de MM. Bonn. et Demol. Suivant eux, les libéralités pourront être sujettes à rapport ou ne pourront pas l'être, tout dépendra de la volonté du disposant. Dans tous les cas, la dispense devra être expresse (*Duc.*, *Bonn.* et *Roust.*, t. 2, p. 475, nº 688. *Demol.*, t. 16, p. 181. *Cassat.*, *Arrêt de Joviac.*, *Ville... et Car.*, 1849, t. 1, p. 558).

DROIT CIVIL FRANÇAIS

—

DU RAPPORT.

—

GÉNÉRALITÉS

Le rapport est la remise réelle ou fictive à la masse de la succession des libéralités qu'un héritier a reçues du défunt. Il comprend également les dettes (art. 829). « Chaque cohéritier... fait rapport à la masse des sommes dont il est débiteur. »

Ayant à opter entre les différentes coutumes, le législateur du Code a suivi, nous l'avons dit plus haut, le système des coutumes de préciput consacré déjà par la loi du 4 germinal an VIII, et de plus celui du décret du 17 nivôse an II, relativement à l'extension du rapport à toutes les classes d'héritiers.

Si l'on recherche l'idée qui a servi de base au législateur pour édifier son système il sera bien difficile de la dégager nettement, au moins en ce qui concerne le rapport des legs. « La disposition du projet de loi, disait Chabot dans son rapport au Tribunat, est conforme au principe d'égalité qu'il faut tendre continuellement à établir dans toutes les successions. » Et ensuite : « La présomption de la volonté du défunt est en faveur du rapport lorsqu'il n'en a pas dispensé, quoiqu'il en eût le droit. » On conçoit cette présomption appliquée aux donations. L'obligation de rapporter les choses données ne laisse pas le donataire sans quelque bénéfice, il en perçoit les fruits, revenus ou intérêts jusqu'à l'ouverture de la succession ; on peut dès lors admettre que le *de cujus* n'a pas entendu les lui attribuer d'une manière définitive, s'il ne l'a point autorisé formellement à les retenir hors part. Moins probable si le donataire n'était pas, au moment de la donation, héritier présomptif, cette présomption est encore acceptable. On peut dire que le *de cujus* n'a gratifié le donataire que pour le dédommager de son exclusion par des parents plus proches. Sans douté, il n'a pas prévu son arrivée à la succession ; du reste, l'eût-il prévue, rien ne montre que son intention était de lui faire une libéralité dispensée de rapport.

Mais pour les legs, c'est autre chose. Est-il possible de supposer raisonnablement que le *de cujus* qui lègue un objet à un de ses successibles veuille lui imposer l'obligation du rapport au moment même où le legs produit son effet ? Quelle utilité ce legs lui procurerait il ? Dans une opinion, comme nous le verrons plus tard, on admet que le légataire aura l'option entre sa part héréditaire et la chose léguée, toutes les fois que le rapport pourra se faire en moins prenant. Mais ceci ne peut s'appliquer qu'aux meubles, et par exception aux immeubles. La théorie du Code ne peut donc s'expliquer qu'historiquement. Le législateur a subi l'influence de la règle ancienne, l'incompatibilité des qualités de légataire et d'héritier. Il ne s'est pas aperçu que du moment où il rejetait le principe de l'égalité absolue du droit coutumier, en ce qui concerne les legs, il ne pouvait pas en ordonner le rapport, sans prêter au testateur l'intention ridicu'e de faire une libéralité sans effet ; de donner d'une main pour que les héritiers reprissent d'une autre.

Donc, à proprement parler, le rapport ne comprend pas les legs, puisque des legs restent dans la succession. Mais les règles qui régissent le rapport, dans le sens strict du mot, étant, à peu de chose près, applicables à la défense faite à l'héritier de retenir la chose à lui laissée par le défunt, le code a tout réuni sous la même dénomination.

Voici comment nous diviserons cette matière :

Chapitre premier. — Dans quels cas, il y a lieu au rapport? Ce chapitre comprendra les personnes qui le doivent, la succession à laquelle il est dû, les personnes qui peuvent l'exiger.

Chapitre II. — Avantages qui y sont soumis.

Chapitre III. — Manière dont s'effectue le rapport, et quels en sont les effets ?

CHAPITRE PREMIER.

DANS QUELS CAS IL Y A LIEU AU RAPPORT ?

SECTION I.

PAR QUELLES PERSONNES LE RAPPORT EST-IL DU ?

L'art. 843 qui est une espèce de petit tableau général répond de la manière suivante à cette question : « Tout héritier, même bénéficiaire, venant à une succession, doit rapporter à ses cohéritiers tout ce qu'il a reçu du défunt, directement ou indirectement : il ne peut retenir les dons ni réclamer les legs à lui fai's par le défunt, à moins que les dons et legs ne lui aient été faits expressément par préciput et hors part, ou avec dispense du rapport. »

Il résulte de là que pour être tenu au rapport, il faut quatre conditions :

1° E:re héritier ;

2° Donataire ou légataire du défunt ;

3° Ne pas être dispensé du rapport ;

4° Venir à la succession.

§ l. Il faut être héritier.

Comprendrons-nous sous cette dénomination les successeurs *ab intestat* et testamentaires ? N'on ; nous croyons qu'il faut restreindre notre article aux premiers, et cela d'après les textes et l'esprit de l'institution que nous étudions. N'oublions pas en effet que nous sommes dans la matière des successions *ab intestat* ; et puis le Code, en principe, du moins, n'appelle pas héritiers ceux qui viennent à la succession par la volonté de l'homme, il les appelle donataires ou légataires. L'article 857 confirme encore cette interprétation; car il oppose précisément les légataires aux héritiers. On conçoit sans doute que le législateur se soit préoccupé du maintien de l'égalité entre personnes qu'il appelle lui-même à la succession *ab intestat*; mais cette dernière idée ne s'expliquerait pas, s'il s'agissait d'étrangers : Ceux-ci tiennent leurs droits de la volonté du défunt ; c'est cette volonté seule qu'il faut considérer. Et nous ne ferons pas attention à la circonstance que les donataires ou légataires universels, tous successibles du défunt, seraient appelés, en l'absence d'un testament, à sa succession *ab intestat* ; leur qualité légale de successibles disparaît devant la manifestation de la volonté du *de cujus* ; au point de vue de la question qui nous occupe, ce sont des étrangers. Justinien, nous l'avons vu précédemment, avait étendu le rapport aux succession testamentaires ; le droit coutumier dont le code a suivi le système n'avait pas admis cette extension.

Donc tout successeur *ab intestat* est tenu du rapport, en vertu de notre article. Nous nous sommes servis du mot successeur, bien que la loi ait employé les expressions, *tout héritier, même bénéficiaire*; parce qu'il n'y a pas de restriction à faire entre tous ceux qui succèdent en vertu de la loi. Ainsi les héritiers légitimes, descendants, ascendants, collatéraux de quelque degré qu'ils soient, tous se doivent individuellement et respectivement le rapport. Ajoutons tout de suite les successeurs irréguliers. Parmi ceux-ci l'enfant naturel est certainement tenu du rapport (art. 760). Nous réservons la question de savoir quelle est la nature de ce rapport. On ne peut alors douter que pour les autres, parce que l'art. 757 parlant du plus favorable dit qu'il n'est pas héritier, et contient une disposition expresse pour l'assujetir à rapporter. Néanmoins, nous ne nous arrêterons pas à cet argument. Est-ce que la volonté du législateur de maintenir l'égalité entre successeurs appelés par lui serait moins évidente, dans l'hypothèse d'enfants naturels appelés à défaut de parents (758), des père et mère de l'enfant naturel lui succédant à défaut de postérité (765), des frères et sœurs naturels dans le cas de l'article 766, que vis-à-vis de collatéraux, peut-être au douzième degré. Il est bien vrai que dans l'article 756 la loi dit que les enfants naturels ne sont pas héritiers ; mais il ne faut pas prendre toujours ces expressions trop à la lettre. Souvent le mot héritiers comprend tous ceux qui viennent à une succession, sans distinction ; et tel est bien le sens des articles 786, 816, 817, 819, 826.

Quand la succession est déferée au conjoint survivant (art. 767) ou à l'État (768), il ne peut être question de rapport, puisque ni l'État ni le conjoint n'ont de cosuccessibles; sauf toutefois une hypothèse bizarre que voici : un homme s'est marié deux fois, et est mort avant l'annulation de son second mariage. Si les deux conjoints sont de bonne foi, ils viendront à la succession de leur époux bigame, et le rapport aura lieu. C'est une conséquence des principes du mariage putatif.

Les personnes dont il a été question sont toutes des successeurs à titre universel. Que décider quand nous nous trouverons en présence de successeurs à titre universel et de personnes recueillant une succession anomale (747) ? Appliquerons-nous le rapport entre les deux successions? Il semble que les termes mêmes de cette difficulté indiquent la réponse à faire. Dès que nous distinguons deux successions, la succession anomale et la succession ordinaire, nous n'avons plus de cohéritiers, nous ne sommes plus dans le cas prévu par l'article 843. Cela s'applique sans difficulté à l'article 747 où la diversité des successions est généralement reconnue. Ainsi les héritiers de la succession ordinaire ne sont pas tenus de rapporter à l'ascendant donateur les libéralités qu'ils peuvent avoir reçues du défunt ; réciproquement l'ascendant donateur simplement héritier des choses données ne rapporte pas les dons par lui reçus à la succession ordinaire. Maintenant supposons la donation d'un immeuble faite conjointement par le père et la mère à leur enfant mort sans postérité; chacun d'eux reprendra la moitié de l'immeuble et ils ne seront pas pour cela cohéritiers: ce qui le prouve c'est que la renonciation de l'un d'eux profiterait aux successibles ordinaires.

Il en sera de même sur l'article 352, où il est question de l'adoptant recueillant dans la succession des descendants de l'adopté morts sans postérité les choses données à celui-ci. Si nous nous trouvions en présence de plusieurs successeurs anomaux, par exemple d'enfants légitimes exerçant le droit de retour de l'article 766, de descendants de l'adoptant sur l'article 351, notre réponse serait différente : ils se devraient entre eux le rapport, parce qu'ils seraient vraiment des cohéritiers, dans le sens de l'art. 843.

§ 2. — Il faut être donataire du légataire.

C'est la seconde condition que nous trouvons dans notre article. On ne s'occupe pas du point de savoir si celui qui succède actuellement était ou non héritier présomptif au moment où la donation lui a été faite. Les deux qualités d'héritier, de donataire ou de légataire coexistent-elles en sa personne, à l'époque de l'ouverture de la succession, cela suffit pour que le rapport puisse être exigé (art. 846). A la rigueur, on aurait pu se passer de cet article, avec la disposition générale de l'art. 843. Si le législateur l'a inséré, çà été pour prévenir l'objection qui aurait consisté à prétendre, en s'appuyant sur la volonté présumée du défunt, que si le *de cujus* avait pu prévoir l'arrivée du donataire à sa succession, il aurait ajouté à sa disposition une clause de préciput. En d'autres termes, on ne pourra pas dire que le *de cujus* n'a dispensé le donataire du rapport que parce qu'il ne croyait pas qu'il deviendrait son héritier. D'ailleurs, s'il avait persisté dans son intention de faire une donation préciputaire, il pouvait accorder la dispense de rapport par un acte revêtu des formes d'une donation, ou un testament postérieur. L'art. 846 ne parle que du donataire; nous y ferons rentrer le légataire, parce qu'il n'existe aucun motif de distinguer. Il y a plus : les legs produisant leur effet au moment de l'ouverture de la succession, c'est surtout dans ce cas qu'il eût été raisonnable de soutenir que si le disposant avait pu prévoir que le légataire deviendrait en même temps son héritier, il eût ajouté à son legs une clause de préciput.

L'héritier, pour être tenu du rapport, doit donc être tout à la fois donataire ou légataire. Demandons-nous à présent, s'il est nécessaire qu'il tienne cette qualité directement de la volonté du défunt ou indirectement par suite du profit qu'il a retiré de la libéralité faite à un de ses proches parents? ou pour s'expliquer d'une autre manière, faut-il qu'il soit personnellement légataire ou donataire? Oui, d'après les art. 847, 849, quoique les expressions qui s'y trouvent employées puissent paraître équivoques. L'ancien droit, nous l'avons vu, obligeait, dans certains cas, le successible au rapport des libéralités faites à autrui. On présumait une interposition de personnes. Cette présomption était très-légitime dans les coutumes qui n'admettaient pas la dispense de rapport, car on aurait pu éluder leur prohibition au moyen de personnes interposées.

L'art. 847 repousse cette décision.

Ainsi, peu importe, répéterons-nous avec M. Demolombe, que la donation ait profité à l'héritier, s'il n'est pas lui-même donataire. Le Code ne s'attache qu'à cette seule idée : à qui le don ou le legs a-t-il été fait ? Celui auquel il aura été fait sera tenu, dans tous les cas, de le remettre, ou de le laisser à la masse de la succession. Démontrons cela par les travaux préparatoires du Code. Voici comment s'expliquait le projet de Code de l'an VIII, dans les art. 162, 163, 164:

Art. 162. — L'héritier n'est tenu de rapporter que le don qui lui a été fait personnellement.

Art. 163. — Le père ne rapporte point le don fait à son fils non successible.

Art. 164. — Le fils qui vient de son chef à la succession du donateur ne rapporte point le don fait à son père, soit qu'il ait accepté la succession de celui-ci, soit qu'il y ait renoncé.

Les deux premiers articles repoussaient donc formellement la doctrine en vigueur dans les coutumes de Paris et d'Orléans, doctrine par laquelle le fils devait rapporter dans la succession de son père le don fait à son fils.

En ce qui concerne le conjoint successible, le même projet (art. 167) le soumettait au rapport des dons faits à l'époux non successible, dans la mesure du profit qu'il en avait retiré d'après ses conventions matrimoniales. C'était un retour aux principes du droit coutumier. Ce dernier article fut rejeté par la section de législation. Celle-ci proposa alors la rédaction suivante : « Les dons et legs faits au conjoint d'un époux successible ne sont pas rapportables. Si les dons et legs sont faits conjointement à deux époux dont l'un seulement est successible, celui-ci en rapporte la moitié ; si les dons sont faits à l'époux successible, il les rapporte en entier. » Ce fut l'art. 157 de cette rédaction corrigée (Fen. t. II, p. 151).

Dans la discussion qui eut lieu plus tard au Conseil d'État, M. Tronchet fit observer que cette dernière disposition pourrait donner lieu à des fraudes, et qu'un père qui voudrait avantager un enfant au préjudice des autres pourrait, si cet enfant était marié en communauté, donner à l'autre conjoint, l'enfant préféré prendrait ensuite la moitié du don à titre de partage de la communauté ; il demandait alors que le conjoint successible fut obligé de rapporter le profit qu'il aurait retiré du don fait par le *de cujus* à son conjoint. M. Treilhard répondit que la section de législation avait cru cette règle inutile, attendu que le père n'a pas besoin de masquer l'avantage qu'il veut faire au conjoint successible, puisqu'il peut ouvertement le dispenser du rapport. M. Tronchet répliqua que la section établit la présomption qu'il y a eu dispense de rapport ; mais qu'il valait mieux l'exprimer. Et c'est sur cette observation qu'on inséra dans nos articles que ces dons et legs seraient réputés faits avec dispense de rapport. Cette idée n'était pas exacte. La section n'avait pas à dispenser l'époux successible du rapport puisqu'il n'était pas donataire. L'article 165 n'était qu'une conséquence de l'art. 162. Les dons et legs ne sont pas rapportables parce qu'ils ne sont pas faits personnellement au successible.

Comment expliquer l'erreur de M. Tronchet ? Elle s'explique par l'influence des coutumes qui prohibaient les libéralités préciputaires, les coutumes de Paris et d'Orléans. M. Tronchet partait de cette idée : la donation faite au fils ou au conjoint du successible est en réalité faite au successible lui-même; mais le moyen détourné pris par le *de cujus* implique nécessairement dans son intention la dispense de rapport. Tout cela est inexact : aujourd'hui, sous l'empire du Code, la libéralité faite au fils ou au conjoint du successible n'est pas réputée faite au successible lui-même. L'interposition de personnes n'est plus nécessaire puisque le défunt peut faire sa libéralité directement, avec dispense de rapport.

Nous le répétons, le Code a voulu abroger par ces deux articles l'ancienne règle des rapports pour autrui, malheureusement il s'est exprimé d'une façon très-équivoque. Il aurait dû dire que l'héritier ne rapporte pas les libéralités faites à son fils, à son père, à son conjoint, parce qu'il n'est pas donataire ou légataire. La modification qui a été faite à cette formule, d'après l'observation de M. Tronchet, n'a changé en aucune manière la pensée fondamentale du projet ; et si on a ajouté que le don fait au fils du successible était présumé fait avec dispense du rapport, c'est afin d'abroger plus sûrement l'ancien droit. (Demol., *Succ.*, 4, p. 224.) C'est un accident de rédaction une réminiscence de l'ancien droit, dit également M. Bufnoir à son cours. De même, M. Valette, après avoir rappelé l'ancien droit, ajoute que le Code l'a écarté et que si le successible ne rapporte point dans nos espèces, c'est qu'il n'est pas donataire ou légataire.

Dans une autre opinion on explique différemment nos articles. On dit: oui, le Code a abrogé les prescriptions de l'ancien droit coutumier en ce qui touche les libéralités préciputaires; aujourd'hui celles-ci sont permises; le disposant a toute liberté à cet égard; mais rien ne l'empêche non plus de faire indirectement ce qu'il peut faire directement. En réalité, la libéralité, faite au fils ou au conjoint du successible, profite à celui-ci. Toutefois comme en prenant ce détour le *de cujus* a manifesté l'intention de faire une libéralité préciputaire, le code le dispense de rapport, c'est une dispense tacite (Zach. A b. et Rau. t. 5, p. 328, § 632, n° 12 ; Marc. sur les art. 847-849). Nous n'admettrons pas ce système : il repose sur l'idée d'une interposition de personnes que nous venons de combattre par l'examen des travaux préparatoires du Code.

Et qu'on ne dise pas que cette discussion est sans intérêt pratique. La donation faite au petit-fils par l'aïeul est-elle réputée faite au père, si le petit-fils la conserve, c'est du père qu'il la tient, et par conséquent, c'est à sa succession qu'il devra la rapporter. Or cette conséquence est repoussée par l'art. 850.

Mais dans l'opinion que nous avons admise les intéressés ne seraient-ils pas recevables à prouver que, en fait, c'est le père ou le conjoint qui a été gratifié ; ou bien nos articles contiennent-ils une présomption légale excluant la preuve contraire ? Oui, il y a là une fin de non recevoir contre la preuve d'une interposition de personnes. C'est bien le sens qui résulte encore des discussions du code et les expressions mêmes des textes de la loi: sont toujours réputées... (847-849). Nous ferions toutefois une exception pour le cas où le donateur aurait imposé l'obligation du rapport en reconnaissant

que la donation est réellement faite au fils ou au conjoint.
(Treilh. *Exposé des motifs.* Loc. *Législ. civ.*, t. 10, p. 199-
200.)

L'art. 848 s'occupe du don fait au père du successible. Celui-ci ne sera pas tenu de le rapporter quand même il aurait
accepté la succession de son père ; s'il ne vient que par représentation, il doit rapporter ce qui avait été donné à son
père, même dans le cas où il aurait repudié sa succession.

Lorsque le fils vient de son chef la décision de l'article
n'est que la conséquence de cette idée que pour être soumis
au rapport il faut être personnellement donataire ou légataire, et de cette autre que si les avantages aussi indirects
sont rapportables c'est à la condition que celui qui en pro-
jecte soit gratifié personnellement. Dans notre espèce le fils
recueille bien un avantage indirect, s'il a accepté préalablement la succession de son père, mais nous le répétons, il
n'est pas personnellement gratifié.

Lorsqu'il vient par représentation : « il est tenu etc. » Comment expliquer cela ? On l'explique par les principes de la
représentation. Si le fils prédécédé était venu à la succession de son père, il aurait rapporté les dons à lui faits par
celui-ci ; le petit-fils ne doit pas avoir plus de droits que lui,
autrement l'égalité serait violée, si tout en étant dispensé du
rapport, il conservait le droit de l'exiger de ses cohéritiers
(843). Dans ce cas le successible est tenu du rapport d'une li
béralité faite à autrui.

La loi ne s'est pas expliquée sur les dons faits au successible lui-même, comme sur ceux qui ont été faits aux ascendants des degrés intermédiaires. De là, plusieurs systèmes.

Voici la question : un bisaïeul a fait une donation à son fils, une autre à son petit-fils, une troisième à son arrière-petit-fils. Ce dernier devra-t-il rapporter la donation faite à son père et celle qui lui a été faite ? Remarquons que le doute ne peut porter que sur les deux dernières; car en ce qui concerne la donation faite à son aïeul, le fils du *de cujus*, l'art. 739, combiné avec l'art. 848, suffit pour décider l'affirmative sans hésitation.

Dans une première opinion on soutient que, dans le silence de l'art. 848, le représentant ne doit pas rapporter le don qui lui a été fait, mais seulement celui fait au représenté; parce qu'il ne vient pas à la succession du bisaïeul en son propre nom, mais au nom de son aïeul dont il tient la place ; autrement ce serait invoquer contre lui deux qualités contradictoires, celle de représentant, et celle d'héritier de son propre chef. Cela reviendrait à lui tenir ce raisonnement : ce n'est pas précisément vous qui êtes l'héritier, c'est votre aïeul qui l'est pour vous ; donc il vous faut rapporter le don fait à votre aïeul ; pourtant c'est bien vous qui êtes l'héritier; donc vous rapporterez le don qui vous a été fait. Et comme conséquence de cette idée que le rapport n'est dû que pour le don fait au représenté, on décide encore que le petit-fils ne rapporte pas les libéralités faites à son père. En définitive il ne monte à sa place que pour prendre ensuite celle de son aïeul : finalement c'est celui-ci qui sera représenté (Marc. n° 2 sur l'art. 848).

Dans une seconde opinion on admet que le représentant ne rapporte pas les donations faites aux ascendants qui occupent les degrés intermédiaires entre lui et le représenté: ceci est commun avec la première. On s'en écarte alors sur les dons faits à lui-même, et on admet qu'il devra en effectuer le rapport, en vertu du principe général de l'art. 843, qui domine l'art. 848 : raisonner d'une autre manière c'est oublier que le représentant, bien qu'il prenne la place et les droits d'autrui, vient à succession, et, par conséquent doit comme tout héritier rapporter ce qu'il a reçu du défunt. (MM. Ducaurroy, Bonn. et Roust. t. 2, p. 486.)

Dans un troisième système, auquel nous nous rattachons, le représentant doit rapporter ce qu'il a reçu personnellement, et ce qu'ont reçu les ascendants des degrés intermédiaires qu'il doit franchir pour arriver à la succession. Que le représentant rapporte ce qu'il a reçu cela est certain (art. 843). Il rapporte ensuite ce qui a été donné à son père, ascendant du degré intermédiaire ; car il n'est pas exact qu'il représente seulement l'aïeul ; il représente aussi son père, puisqu'il occupe son degré pour monter à celui de l'aïeul. On ne représente pas *per saltum et omisso medio.* Il est vrai qu'il peut résulter de tout ceci une inégalité entre cet arrière petit-fils et les autres branches de la famille. Dans la branche qui arrive par représentation il y aura plusieurs rapports ; mais est-ce qu'avec le premier système on n'arriverait pas à des résultats tout aussi injustes ? Un père a fait une donation à son fils prédécédé, et peu de temps après une autre à l'enfant de ce fils. Ne serait-il pas inique que cet enfant gardât ce qu'il a reçu du défunt, en en obligeant ses oncles au rapport ? (Dem. t. 3 p. 184 ; Demol. t. 16 n° 200 ; Zach. Aub. et Rau. t. 5 p. 313, 314. ; M. Bufnoir à son cours.)

Il faut distinguer ces cas de représentation de celui de la transmission. Ceux qui succèdent par transmission ne rapportent par les dons qu'ils ont reçus. Ils rapportent ceux qui ont été faits à leur auteur, et ceux-là seulement, parce qu'ils ne sont pas héritiers du disposant.

La question des dons ou des legs faits au conjoint de l'époux successible est examinée dans l'art. 849.

Les dons et legs, faits au conjoint d'un époux successible, sont reputés faits avec dispense de rapport. Si les dons et legs sont faits conjointement à deux époux, dont l'un seulement est successible, celui-ci en rapporte la moitié; si les dons sont faits à l'époux successible, il les rapporte en entier.

Cet article, comme les articles 847, 848, n'est que l'expression de cette idée: le conjoint de l'époux successible ne rapporte pas, parce qu'il n'est pas donataire ou légataire. Il importe donc peu que le conjoint successible ait retiré quelque avantage de ces legs ou de ces dons, par suite du régime sous lequel le mariage a été contracté ; inversement il ne faudrait pas s'attacher au point de savoir s'il n'en a retiré aucun profit ; dans tous les cas le rapport peut être exigé. Ainsi supposons une donation d'effets mobiliers, faite par un père à sa fille mariée sous le régime de la communauté, ou même d'immeubles sous celui d'ameublissement ou de communauté universelle ; la fille devra toujours le rapport, qu'elle accepte la communauté, hypothèse où elle profite de la donation seulement pour moitié ; ou qu'elle y renonce, hypothèse où elle n'en profite pas du tout. Il est clair que, si la communauté n'est pas dissoute au moment de l'ouverture de la succession, le rapport se fera en moins prenant.

Dans l'ancien droit, il y avait un rapport provisoire, puis

on examinait si l'époux successible avait oui ou non profité de la donation, au moment de la dissolution de la communauté. S'il n'en avait pas profité : il avait droit à une récompense. Le Code a voulu couper court à toutes ces difficultés, et imprimer aux partages un caractère définitif.

Si nous n'avions pas l'art. 1573, nous serions obligés de décider, d'après notre article 849, que la femme remet sa dot à la masse de la succession du constituant, quand même elle l'aurait perdue, par suite de l'insolvabilité de son mari. Le droit romain, dans son dernier état, avait prévu cette situation. (Voir *Suprà*, la nov. 24, ch. 6.). Aujourd'hui, comme à cette époque, si le mari était déjà insolvable et n'avait ni art, ni profession, lorsque le père a constitué une dot à sa fille, celle-ci ne sera tenue de rapporter à la succession du père que l'action qu'elle a contré celle de son mari, pour.s'en faire rembourser. Mais si le mari n'est devenu insolvable que depuis le mariage, ou s'il avait un métier ou une profession qui lui tenait lieu de bien, la perte de la dot tombe uniquement sur la femme. L'idée des rédacteurs de notre Code est exactement celle du législateur du Bas Empire. Quand le mari est déjà insolvable, on n'a ni art, ni profession au momoment du mariage, le père est en faute en constituant la dot ; sa succession en supportera la perte. Lorsque le mari, au contraire, avait une profession lui tenant lieu de bien, on peut dire qu'il présentait une certaine garantie. Si la dot a été perdue, c'est sans doute par suite du mauvais état de de ses affaires postérieurement au mariage. Mais, à ce moment-là, la femme avait le moyen de se préserver ; c'était la séparation de biens. Si elle ne l'a pas demandée, elle est en faute, la perte de la dot retombe sur elle ; elle en devra le rapport. Cette règle se trouve dans un chapitre consacré au régime dotal. L'étendrons-nous aux régimes de communauté? Nous ne le pensons pas; ce serait une dérogation aux principes généraux. Dans l'ancien droit, elle n'avait jamais été admise dans les provinces coutumières, et il serait bien bizarre que, si le Code eût voulu la généraliser, il l'eût fait par une disposition intercalée dans un régime spécial, et de peu d'application. Nous donnerons la même décision pour le régime sans communauté parce que c'est par les principes de la communauté légale que ce régime se complète. (Zach. Aub. et R. t. 4, § 540.)

Bien que l'art. ne parle spécialement que du père il paraît raisonnable de l'appliquer à tout autre ascendant paternel ou maternel. C'était la décision du droit romain. Toutefois nous nous arrêtons-là, sans aller jusqu'aux collatéraux. Entre ceux-ci il n'y a pas de raisons aussi fortes pour le maintien de l'égalité. (Demol. t. 16, p. 251.)

Distinguerons-nous encore entre la dot mobilière et immobilière? Nous croyons que oui, au moins avec quelques auteurs. La raison de notre article est tout entière dans l'imprévoyance du constituant; ou de l'épouse donataire. Or, quand il s'agit d'une dot immobilière, le constituant ne peut pas être en faute, la dot étant inaliénable. Le mari peut, il est vrai, la dégrader; mais la femme, ayant la ressource de la séparation de biens, il y a là une perte qui provient plutôt de sa faute que de celle du constituant; elle sera donc toujours obligée au rapport. (Demol. t. 16, p. 282; en sens contraire, Zach. § 540, note 9.)

Nos articles 847, 848, 849 sont aussi applicables au rapport des dettes. Le fils, venant de son chef à la succession de son aïeul, ne rapportera pas les sommes prêtées par celui-ci à son père. Supposons encore des sommes prêtées par le beau-père à son gendre, et la femme mariée sous tout autre régime que celui de communauté. Il ne sera rien rapporté lors de la dissolution du mariage à la succession du père, par le motif que la femme n'est pas débitrice.

Au contraire, si la femme est mariée sous le régime de la communauté, nos articles reçoivent une modification. La communauté subsiste-t-elle encore, ou a-t-elle été répudiée par la femme ; au moment de l'ouverture de la succession de son père ; ses cohéritiers ne sauraient rien exiger d'elle, par la raison qu'elle n'est pas personnellement débitrice ; ils n'ont que le droit, dans ce dernier cas, de réclamer leur créance, comme tous autres débiteurs, à la succession du mari. Si la communauté dissoute au moment de la mort du père a été acceptée, la femme est tenue pour moitié, ou tout au moins, jusqu'à concurrence de son émolument. Si la femme s'était obligée conjointement ou solidairement avec son mari, étant alors débitrice personnelle, elle devrait rapporter soit la moitié de la dette, soit la dette entière, sauf son recours contre son mari, suivant les principes du droit commun (1431).

§ III. — Il ne faut pas avoir été dispensé du rapport.

En d'autres termes, le rapport cesse lorsque la libéralité a été faite à titre de préciput... « (L'héritier) ne peut retenir les dons ni réclamer les legs à lui faits par le défunt, à moins que les dons et les legs ne lui aient été faits expressément par préciput et hors part, ou avec dispense du rapport (843). »

La dispense de rapport peut être accordée d'abord sans difficulté dans l'acte même contenant la disposition, donation ou testament,—nous prenons le cas de donation ou de testament parce qu'il se présente le plus souvent ; mais, bien entendu, si une libéralité se trouvait valable, sans la forme ci-dessus, comme accessoire d'un contrat à titre onéreux, la dispense accordée dans le même contrat le serait également. *Accessorium sequitur principale* ou par un acte postérieur dans la forme des libéralités entre vifs ou testamentaires, parce que la dispense de rapport est elle-même une libéralité. Et, dans ce dernier cas, il n'est pas nécessaire qu'il y ait similitude entre le premier et le second acte : celui-ci peut être une donation ou un testament, quel que soit le caractère ou la forme de l'acte antérieur auquel il se réfère.

Quelle doit être la forme de la dispense elle-même ? Doit-elle être conçue en termes sacramentels ? Non, il suffit qu'elle soit expresse, c'est-à-dire évidente. C'était le sens qu'on attachait autrefois à la novelle 18 qui employait les mêmes expressions. Ainsi, le disposant n'aura pas besoin d'employer les termes mêmes de l'article 843 ; il peut dire, par exemple, que le donataire cumulera la libéralité avec sa part dans la succession.

On va plus loin, la dispense de rapport n'a pas besoin d'être littérale. On considère comme suffisante toute dispense résultant clairement de la nature de l'acte. Tel serait le cas où le *de cujus* aurait appelé un de ses successibles à la totalité de l'hérédité ; cette disposition exclut l'idée d'un partage et par là même du rapport au profit des autres successibles réservataires. On ajoute encore l'hypothèse d'un legs, d'une donation par contrat de mariage, du disponible encore au profit de l'un des successibles. En effet, ce legs ou cette donation paraissent bien avoir un caractère préciputaire, puisque le disposant donne en dehors de ce que le successible recueille dans la succession *ab intestat*. Cependant il est permis de douter, surtout dans le cas où cette quotité disponible est supérieure à la part héréditaire du successible. Peut être le *de cujus* a-t-il voulu simplement donner l'option entre ces deux parts, sans permettre le cumul. Le doute serait plus grand encore, si le donataire ou le légataire n'était pas héritier présomptif au moment où la libéralité a été faite. Donc, nous déciderons que cette disposition, sans autres inductions tirées de l'acte lui-même, n'emportera pas dispense de rapport.

Il en serait autrement d'une substitution fidéicommissaire. en ce qui touche le grevé. Comment, en effet, obliger celui-ci à remettre à la masse de la succession du disposant, puisqu'il est chargé de conserver? (Voir toutefois en sens contraire M. Durant., t. 7, n° 221 bis). Les biens compris dans un partage d'ascendant échappent aussi à la loi du rapport. Le rapport suppose un partage postérieur au décès du *de cujus* ; or ici, le partage est fait (1077). Bien plus, ce résultat se produirait même à l'égard des biens donnés ou légués à l'un des descendants, sans clause expresse de préciput. (Demol. t. 16, n° 248; Zach., Aub. et R.; t. 5, § 632, note 2; Dem. et Colm. de Sant., t. 4, n° 245 bis.)

Pour tout dire, en quelques mots ; on doit considérer comme dispensée du rapport toute disposition faite de tels termes qu'elle se trouvera inconciliable avec l'idée d'un rapport. (M. Bufnoir à son cours.)

Les donations faites par interposition de personnes ou déguisées sous l'apparence d'un contrat à titre onéreux sont-elles dispensées virtuellement du rapport? Cette question en suppose deux autres résolues, la validité des donations déguisées et la preuve que l'acte est réellement une simulation. Cela posé, une opinion soutient que l'interposition de personne ou le déguisement du contrat entraîne, de plein droit, une dispense virtuelle de rapport. Elle raisonne ainsi : La simulation dans un acte doit être respectée toutes les fois qu'elle ne constitue pas une fraude. Or, dans la question qui nous occupe, on ne saurait arguer de la fraude, puisque le disposant pouvait dispenser ouvertement le donataire du rapport ; donc, il faut rejeter la maxime *plus valet agitur quam quod simulatur*, et faire produire à l'acte tous ses effets. On ne comprendrait pas, du reste, le détour pris par le donateur, s'il n'avait pas voulu dispenser le donataire du rapport ; et puis il y aurait un manque de logique évident à sortir, d'un côté, des règles générales du Code pour valider les donations déguisées, à y revenir, d'un autre, quand on veut en déterminer les effets. Ce n'est pas tout : les textes confirment encore cette donnée. Les articles 847, 849 qui prévoient le cas d'une donation faite au fils ou au conjoint du successible, disent de la manière la plus positive qu'elle est réputée faite avec dispense de rapport. Et de même l'art. 918. Ce dernier article supposant qu'une vente, soit à charge de rente viagère, soit à fonds perdu, ou avec réserve d'usufruit, a été faite par le *de cujus* à l'un de ses successibles en ligne directe, décide que la valeur en pleine propriété de ces biens aliénés sera imputée sur la portion disponible, et l'excédant, s'il y en a, rapporté à la masse, ce qui implique certainement une dispense de rapport de plein droit. C'est enfin l'art. 1099. Cet article distingue les donations indirectes, faites sans déguisement, des donations déguisées ; donc l'art. 843 qui s'occupe des premières ne vise pas les secondes. (Zachariæ, Aub. et Rau, t. 5, p. 330 ; Marcadé, sur l'art. 851).

Nous ne saurions admettre ces arguments, et nous croyons au contraire, que ces donations sont rapportables. Établissons cette proposition en réfutant les raisons de nos adversaires.

La première, qui consiste à soutenir qu'il n'y a pas fraude à la loi en dispensant d'une manière indirecte le donataire du rapport, n'est qu'une pétition de principe ; c'est précisément là la question : or nous prétendons qu'il y a fraude puisque la loi ne permet d'avantager un successible qu'à la condition de le déclarer expressément. (Art. 843, 919).

La preuve de l'intention du *de cujus* de dispenser son héritier du rapport résulterait-elle du déguisement ou du détour par lui pris pour cacher sa libéralité ? Pas plus ; celui-ci a pu avoir d'autres raisons ; peut-être a-t-il voulu économiser des frais ; peut-être redoutait-il la jalousie des autres cohéritiers. Dans tous les cas, qu'est-ce qui l'empêchait de dispenser le donataire du rapport dans un acte secret ?

Enfin il n'y a pas contradiction à admettre la validité des donations déguisées et à leur faire l'application des principes généraux. Les expressions de l'art. 843 sont très-larges ; elles comprennent toutes les donations quelles qu'elles soient. On a voulu, il est vrai, distinguer entre les donations déguisées et les donations indirectes, nous verrons tout à l'heure si cette distinction est admissible.

Arrivons aux arguments de texte. Nous ne nous arrêterons pas sur celui tiré des articles : 847, 849. Les mots : sont réputés faits, avec dispense de rapport, ne sont qu'un accident de rédaction ; ils s'expliquent, comme nous l'avons montré, par les travaux préparatoires du Code.

L'article 918 prouverait-il davantage ? Non, c'est une disposition exceptionnelle qui ne tire pas à conséquence. Cet article, en effet, tout en établissant la présomption que les aliénations dont il s'agit déguisent une libéralité, ne suppose pas la preuve de ce fait établie. Peut-être la libéralité existe-t-elle, peut-être aussi n'existe-t-elle pas ? Alors, par une espèce de transaction, et au lieu de tirer les conséquences logiques du principe qu'il pose, il déclare ces libéralités imputables sur le disponible et dispensées de rapport. Ce qui prouve bien le caractère exceptionnel de notre disposition, c'est qu'elle ne s'applique pas aux successibles en ligne directe qui auraient consenti à ces aliénations ni, dans aucun cas, aux successibles en ligne collatérale.

On se retranche encore derrière l'article 1099 et on oppose les donations indirectes aux donations déguisées ; mais il est évident que celles-ci rentrent dans celles-là. Notre article 843 a été emprunté à Pothier ; or, ce jurisconsulte s'expliquant sur le rapport donne précisément comme exemple de donations indirectes ce que nous appelons aujourd'hui plus spécialement donations déguisées : « on appelle aussi avantages indirects, dit-il, tous les actes qui, étant passés entre le père et l'un des enfants sous un autre nom que celui de donation, renferment néanmoins un avantage au profit de l'enfant. Par

exemple, si le père a vendu à son fils.... etc... » Au surplus ;
cet article 1099 n'a point le sens qu'on veut lui donner. On
prétend qu'il réduit les donations indirectes entre époux,
tandis qu'il déclare nulles celles faites par interposition de
personnes ou sous l'apparence de contrats à titre onéreux et
que c'est précisément cela qui prouve que le législateur distingue les avantages indirects des avantages déguisés. Il est
vrai ! mais de ce que l'art. 1099 fait cette distinction, dans
une matière spéciale, est-il permis d'en conclure logiquement
que ces mêmes donations dont nous avons admis la validité,
soient tacitement dispensées de rapport ! (*Cass.* 29 mai 1838,
Dev. et Carr. 1838, 1, p. 481). Et si cela ne suffisait pas, il n'y
aurait qu'à comparer les art. 853 et 854. Le premier de ces
articles déclare implicitement que les avantages indirects
sont rapportables. Et par là nous devons entendre aussi bien
les libéralités déguisées que les libéralités indirectes proprement dites. La preuve en est dans l'article suivant qui se ser
des expressions les plus étendues : associations faites sans
fraude ! (En ce sens, MM. Valette, Bufnoir à leurs cours ;
Demol., *Success.*, t. 4, p. 299 et suiv.; Dem., t. 3, p. 276
et suiv.)

Entre ces deux opinions, il y en a une intermédiaire partagée par la jurisprudence et d'après laquelle les libéralités
déguisées ne sont point par elles seules, *a priori*, dispensées
du rapport ; elles ne le sont que si les circonstances de la
cause, ajoutées au déguisement lui-même, rendent certaine
aux yeux des magistrats la volonté qu'avait le *de cujus* d'accorder la dispense. En d'autres termes, c'est au juge du fait
qu'il appartient de décider si le détour qui a été pris n'implique pas l'intention de faire une libéralité préciputaire. Ce

moyen terme doit être rejeté. Si l'on part du principe que ces donations sont rapportables conformément à l'article 843, de quel droit rechercher l'intention du *de cujus*? C'est créer une exception en dehors des termes de la loi. La première partie de l'art. 843 soumet au rapport les donations directes ou indirectes ; la seconde n'excepte que celles faites expressément par préciput et hors part. N'y a-t-il pas là une disposition dont les deux parties s'enchaînent de telle façon que, si on admet la première, il est impossible, sans renverser toutes les données de la logique, d'échapper à l'application de la seconde? (Voyez dans le sens de cette doctrine : *Arr.* de *Bastia,* 26 décembre 1855, Dev. 56, 2, 13 ; *Douai,* 17 février 1861, Dev. 61, 2, 395 ; *Cassat.,* 10 novembre 1852, 16 juillet 1855, Dev. 53, 1, 289, et 56, 1, 246).

Que décider pour les dons manuels? Les uns considèrent le don manuel, sans distinction, comme dispensé de rapport par cela seul qu'il est fait manuellement. Ils disent que le donataire, en choisissant une forme de donation qui ne laisse pas de preuve, est présumé avoir voulu dispenser le donataire du rapport. D'autres distinguent entre les dons manuels occultes et les dons manuels patents. Nous n'admettrons pas cela. Suivant les art. 843 et 919 la dispense, nous le répétons doit être expresse. Or peut-on soutenir que le *de cujus*, qui a fait tradition d'un objet mobilier à une personne, dans le dessein de la gratifier, là dispense par là même expressément? Notre solution est donc la même qne sur la précédente question. Les dons manuels sont rapportables. Entre les deux opinions inverses, la jurisprudence place toujours sa doctrine intermédiaire. Elle juge que le don manuel d'un obj et mobilier, lorsqu'il n'est constaté par aucun acte, présumé fait par est préciput, surtout lorsque telle est l'affirmation du donataire. (Cass. 19 déc. 1861 ; Dev. et Carr. 1862, 2, 145 ; id, 3 mai 1864, 1864, 1, 275).

Terminons par quelques mots sur les effets de la dispense de rapport. L'effet direct de la dispense de rapport est le droit pour le successible de cumuler la libéralité qu'il a reçue avec sa part héréditaire. Toutefois, en ligne directe, il faut combiner ce principe avec l'application des règles sur la réduction. « Dans le cas même où les dons et legs auraient été faits par préciput ou avec dispense du rapport, l'héritier venant à partage ne peut les retenir que jusqu'à concurrence de la quotité disponible: l'excédant est sujet à rapport (844.). » Cette dernière expression, n'est pas exacte. C'est sujet à réduction et non à rapport qu'il fallait dire, car l'art. lui-même suppose un donataire dispensé du rapport. Et en effet le rapport n'est pas destiné à assurer la réserve ; la réserve est protégée par le droit de réduction.

Il ne s'agit pas d'une simple différence de mots ; la question est importante. Est-ce une réduction ? L'estimation des meubles donnés se fera au moment du décès, les fruits seront dûs à partir de l'ouverture de la succession ; si la demande en a été faite dans l'année, sinon à partir du jour de la demande. Est-ce un rapport ? Au contraire, les meubles seront estimés d'après leur valeur au moment de la donation et les fruits dus à partir de l'ouverture de l'hérédité. Si l'immeuble donné a été aliéné, le demandeur en réduction, sauf la restriction de l'article 930, pourra agir contre les tiers acquéreurs. Le cohéritier qui demande le rapport n'aurait pas cette faculté. Ajoutons enfin que, si l'on veut prendre le texte de notre article tel qu'il est, on donne un argument aux partisans du cumul de la quotité disponible et de la réserve.

La dispense de rapport n'est pas applicable aux enfants naturels en concours avec des parents légitimes. La raison est que les enfants naturels ne peuvent recevoir, dans cette circonstance, des libéralités préciputaires (art. 756, 766, 908). Il en serait autrement, si tous les enfants étaient naturels (758).

§ 2. — Il faut venir à la succession.

Tout héritier, sans distinguer s'il accepte purement et simplement ou sous bénéfice d'inventaire, doit le rapport à ses cohéritiers. Tout héritier, même bénéficiaire, dit l'art. 843. C'est par là que s'explique l'art. 461 qui exige que toute succession échue à un mineur soit acceptée bénéficiairement, et après avoir obtenu, au préalable l'autorisation du conseil de famille; le mineur pourrait être en perte par suite du rapport. C'est encore par une idée analogue qu'on peut rendre compte de la disposition assez énigmatique de l'art. 783, sans préjudice d'une autre explication.

L'héritier bénéficiaire peut faire l'abandon des biens aux créanciers de la succession. Néanmoins notre article ne cessera pas d'être applicable. Malgré cet abandon, l'héritier bénéficiaire reste toujours héritier, puisqu'il a droit à l'excédant des biens sur le *quantum* des dettes héréditaires.

L'article 845 s'occupe des effets de la renonciation. L'héritier qui renonce pourra retenir le don entre-vifs ou réclamer le legs à lui fait jusqu'à concurrence de la quotité disponible

Bien que l'article ne parle que de l'héritier renonçant, nous n'hésiterons pas à l'entendre d'une manière plus large. Cette interprétation est confirmée par l'article 843 qui se sert de ces mots venant à la succession. Donc, *a contrario*, tous ceux qui n'y viennent pas pourront conserver la libéralité à eux faite par le *de cujus*. Cela s'appliquera à l'héritier écarté comme indigne, aux termes de l'article 787. Il pourra conserver la libéralité qu'il a reçue, pourvu qu'elle ne soit pas révocable pour cause d'ingratitude. Mais remarquons bien la fin de l'article ; cette faculté de retenir le don entre-vifs ou de réclamer le legs, n'est accordée au successible renonçant que jusqu'à concurrence de la quotité disponible. S'il laisse des ascendants ou des descendants, sa renonciation ne pourra préjudicier à la réserve de ceux-ci.

Nous laissons de côté cette question de savoir si l'héritier renonçant pourrait retenir sa part dans la réserve et la cumuler avec la quotité disponible. Cette controverse, bien qu'elle touche à notre matière par l'article que nous étudions, est généralement traitée par les auteurs, au chapitre 3 du livre 3 titre 2 : *De la Portion de biens disponible et de la Réduction*. Au reste la jurisprudence est fixée dans le sens de la négative depuis l'arrêt de la Cour de cassation (Chambres réunies), du 27 novembre 1863, rendu sur les conclusions de son procureur général, M. Dupin. (Dev. et Car. cass. 1863, 1, 528.)

SECTION II

A QUELLE SUCCESSION LE RAPPORT EST-IL DU ?

Le rapport n'est dû qu'à la succession du donateur ou du testateur (art. 850), parce que c'est à cette succession seulement que le législateur s'est proposé de rétablir l'égalité. Ce principe n'était pas inutile à formuler. Dans l'ancien droit une personne pouvait être obligée à rapporter à la succession d'une autre qui n'était pas le disposant. Sous l'empire d'un certain nombre de coutumes, et notamment sous celui des coutumes de Paris et d'Orléans, nous avons vu que le père était obligé de remettre, à la masse de la succession de l'aïeul, les libéralités que celui-ci avait faites à son petit-fils ; cela s'expliquait par l'idée d'une interposition de personne. Dans ce cas, dit Pothier, le père ayant par ce rapport indemnisé la succession de l'aïeul de cette donation était réputé avoir pris la donation pour son compte et être devenu le donateur à la place de l'aïeul ; de telle sorte quel'enfant donataire, devait à son tour, le rapport à sa succession. (Poth. *succ.*, ch. 4, art. 2, § 5.) Le Code abroge cette doctrine.

En ce qui concerne les constitutions de dot, voici la règle : Si la dot a été constituée conjointement par le père ou la mère, sans expression de parts, sous quelque régime que ces derniers soient mariés, la dot sera rapportée à la succcession de chacun d'eux, quand même elle aurait été prise exclusivement sur les biens personnels de l'un des époux, ou sur les biens de la communauté, s'il y a régime de communauté. La question du régime matrimonial ne doit être posée qu'au point de vue des récompenses ou indemnités. S'il y a eu, au contraire, expression de parts, dans la constitution, le rapport se fera à la succession de chacun des époux, suivant la part exprimée.

La clause par laquelle le père et la mère dotent conjointement leur enfant et stipulent que ladite dot sera imputée sur la succession du prémourant, est valable ; le survivant est alors considéré comme étranger à la constitution dotale. En conséquence, si la dot a été livrée, l'enfant la rapportera à la succession du prémourant, si mieux il n'aime y renoncer (Demol., t. 4, n° 271 ; Zach., Aubry et Rau, t. 4, p. 195 ; cassat., Dev. et Carr., 16 mars 1850, 1850, 2, 321). Que si le mari a constitué seul la dot en effets communs, la femme accceptant la communauté sera tenue pour moitié de cette dot. Le rapport s'en fera donc pour moitié à sa succession ; mais ceci est spécial à ce régime (1439). Même décision sur l'article 1427, lorsque la femme n'a agi que comme remplaçant son mari. Au contraire sous le régime dotal ou sous tout autre régime, la dot constituée par le mari seul, pour droits paternels et maternels, n'est point pour moitié à la charge de la femme, encore qu'elle fût présente au contrat ; conséquemment le rapport s'en fera à la succession du mari.

Dans l'hypothèse d'une constitution faite par l'un des époux à un enfant d'un autre lit, même en valeurs de la communauté, le rapport n'aura lieu qu'à la succession du constituant. L'autre époux n'y perdra rien, puisque son conjoint lui doit récompense, conformément à l'article 1469. S'il y avait eu engagement personnel des deux époux, la décision est la même que pour l'enfant commun.

8.

Si la dot a été constituée par les père et mère solidairement, le rapport sera dû pour moitié à la succession de
chacun d'eux quand même l'un aurait payé le tout. C'est que,
en effet, s'il a payé le tout, il n'a pas entendu pour cela payer
la dot entière.

SECTION III

A QUI LE RAPPORT EST-IL DU ?

Le rapport est dû entre successibles, venant ensemble au
partage. En d'autres termes, les personnes assujetties au
rapport sont celles qui ont le droit de l'exiger. Il est dû individuellement par le cohéritier à son cohéritier, *singuli a
singulis* (857). En cas de prédécès de l'un des successibles,
son droit passe à son représentant, s'il y a lieu (848). Il
peut être également exigé par l'enfant naturel venant à la
succession en concours avec des parents légitimes. Les uns
ont nié ce résultat purement et simplement. Ils ont dit : aux
termes de l'article 756, l'enfant naturel n'est pas héritier ;
cela étant, il ne peut exiger que son cohéritier rapporte
(art. 857). Nous avons montré plus haut le vice de ce raisonnement. Sans doute, l'enfant naturel n'est pas héritier; mais,
dans notre article, il n'y a pas d'opposition entre les successeurs irréguliers et les héritiers légitimes ; les expressions :
par le cohéritier à son cohéritier, sont très-générales, elles
doivent s'entendre de tout successible, par opposition aux
créanciers et aux légataires. D'autres ont distingué entre
legs et les donations ; admettant le rapport pour ceux-ci, ils
le rejettent pour celles-là. D'autres encore ont soutenu que

l'enfant naturel en concours avec des enfants légitimes, profite du rapport fait par ces derniers ; mais ils repoussent
cette décision lorsqu'il se trouve en concours avec des héritiers, qu'il aurait exclus, s'il eût été légitime. Ces distinc-
tions sont arbitraires. En examinant surtout la dernière, on
trouve cette contradiction choquante que, dans certaines
hypothèses, l'enfant naturel est héritier, que dans d'autres il.
ne l'est plus. Il y a, du reste, un raisonnement bien simple
à faire : dans tous ces cas si l'enfant naturel eût été légitime,
il aurait eu droit au rapport sans distinction ; donc il doit en
être de même ici, puisqu'il a droit à une portion de ce qu'il
aurait eu s'il eût été légitime.

Toujours d'après l'article 857, le rapport n'est pas dû aux
créanciers et aux légataires.

1° Parlons d'abord des créanciers. Il s'agit de ceux de la
succession. Il est bien évident, en effet, que ceux de l'héritier peuvent demander le rapport du chef de leur débiteur.
Le droit au rapport n'est pas exclusivement attaché à la personne. Il ne s'agit pas non plus du rapport des legs, puisque
les legs ne sont acquittés que déduction faite des dettes.
Nemo liberalis nisi liberatus. Quant aux donations, notre
règle signifie que, si les biens existants ne suffisent pas pour
désintéresser les créanciers, ceux-ci ne pourront avoir de
recours contre les donataires. Les biens donnés par le *de
cujus* ne pourront leur servir de gage, sauf le cas de fraude
(art. 1167). Mais s'il arrive que les créanciers de la succession deviennent les créanciers personnels de l'héritier, notre
article ne sera plus applicable. Nous supposons donc une
acceptation bénéficiaire, ou pure et simple, si la séparation
des patrimoines a été demandée. On ne peut pas objecter

alors que les créanciers de la succession sont devenus créanciers personnels de l'héritier. Y a-t-il quelque chose d'injuste dans ce résultat ? Nullement. Quand les créances sont postérieures à la donation, de quoi les créanciers se plaindraient-ils ? Ils n'ont pas pu compter sur un bien qui était sorti du patrimoine de leur débiteur. Si elles sont antérieures, pourquoi ne prenaient-ils pas leurs sûretés, en exigeant un gage ou une hypothèque ?

Inversement, le rapport ne doit pas nuire aux créanciers héréditaires. Voici l'espèce : un homme meurt, laissant dans sa succession, un actif de 60,000 fr., un passif égal, et deux héritiers à l'un desquels il a fait une donation aussi de 60,000. Cela posé, les deux héritiers acceptent purement et simplement, et celui qui a reçu le don en avancement d'hoirie est insolvable. Le premier pourra-t-il, en argumentant des art. 1273 et 1220, sur la division des dettes, dire aux créanciers qui lui demandent le tout : je suis héritier pour moitié ; voici les 30,000 fr. qui vous reviennent : pour les 30,000 autres, recourrez contre mon cohéritier, qui a fait le rapport en moins prenant. Non, il ne pourra pas leur tenir ce langage, si ceux-ci ont eu la prudence de demander la séparation des patrimoines contre les créanciers de l'héritier insolvable, et précisément, parmi les créanciers, se trouve le cohéritier auquel est dû le rapport. L'obligation du rapport, dit M. Ragon, constitue le cohéritier, à qui il est dû, créancier particulier de celui par qui il est dû. Cette dette d'héritier à héritier s'acquitte souvent par une espèce de compensation, qu'on appelle rapport en moins prenant, et qui est l'une des opérations du partage de la succession. Mais la compensation ne peut s'opérer que tous les créanciers de la succession ne soient payés ou assurés de leur paiement sur les biens qui la composent. (Voyez M. Ragon, *Théorie de la Rétention*, etc., t. 1, p. 368).

2° En second lieu, le rapport n'est pas dû aux légataires. Pour les donations cela veut dire que, si les biens de la succession ne suffisent pas pour acquitter les legs, les légataires non payés ne pourront rien prétendre sur les biens rapportés qui ont fait l'objet de la donation. Cela s'applique aussi à l'héritier légataire par préciput. S'il réunit deux qualités dans sa personne, ces deux qualités n'en produisent pas moins leurs eff ts séparément. On ne verrait pas, du reste, pour quel motif sa position serait plus favorable que celle d'un étranger. La raison de ce principe est encore la même que dans l'hypothèse précédente. Les biens donnés sont définitivement sortis du patrimoine du défunt, vis-à-vis des légataires ; si ceux-ci pouvaient en exiger le rapport, la règle de l'irrévocabilité des donations serait illusoire. (894).

Enfin le rapport des legs n'est pas dû aux légataires. En quoi consiste cette disposition ? Elle consiste en ce que l'héritier légataire peut venir prendre son legs en concurrence avec les légataires étrangers, mais non par préférence ; ou autrement dit, si l'actif de la succession n'est pas suffisant, pour acquitter tous les legs, le légataire héritier sera réduit proportionnellement, sauf le cas où le testateur aurait entendu qu'il fut acquitté de préférence à tous autres. (926, 927). Et lors même que ce legs aurait été fait par préciput, l'héritier n'aurait rien à prendre à l'encontre des autres légataires ; notre article ne fait aucune distinction. La circonstance, qu'un legs est fait par préciput, n'empêche pas la réduction proportionnelle. Toutefois, vis-à-vis de ses cohéritiers, cette clause de préciput, aurait l'avantage de le dispenser du rapport.

Ainsi, les biens donnés, comme les biens légués, échappent au rapport vis-à-vis des légataires. Mais gardons-nous d'une confusion. Si le rapport leur en est refusé, ils ont droit à leur réunion fictive, pour calculer la consistance de leur legs, (art. 922). Soit l'espèce suivante : un homme, ayant institué un légataire de la quotité disponible, meurt laissant un fils auquel il a donné 60,000 fr., et 40,000 fr. dans sa succession. Comment vont se régler les droits du légataire ? Le système de calcul consacré par la jurisprudence est celui-ci : on réunit fictivement aux 40,000 qui restent dans la succession, les 60,000 dont l'enfant a été gratifié, ce qui fait un total de 50,000 pour la quotité disponible et autant pour la réserve. Le légataire prend 40,000; mais il n'a pas le droit de réclamer 10,000 pour compléter son legs ; car, pour ces 10,000, l'enfant héritier réservataire ne lui doit pas le rapport (857). Dans l'autre procédé on impute, au contraire, pour 50,000 sur la quotité disponible les 60,000 qu'a reçus l'enfant ; dès lors pour parfaire sa réserve dont il a déjà 10,000 entre les mains, il reprend les 40,000 fr. qui restent, et le legs est caduc pour le tout (1). Ce mode de calcul est tout à fait inadmissible. « Il conduit a ce résultat, dit M. Vernet, que plus le père de famille se montre généreux envers ses enfants, plus il voit diminuer la quotité de biens dont il peut disposer. » En outre il viole manifestement l'art. 922, qui ordonne, sans distinction, de réunir fictivement les biens donnés aux biens restants, pour calculer le disponible sur la totalité des biens.

_____

(1) J'aurais pu mieux choisir mon hypothèse ; car quand il n'y a qu'un seul héritier, il ne peut être question de rapport. L'imputation de la donation doit être faite sur le disponible, pourrait-on objecter. Nous n'admettons cependant pas ce résultat.

Il établit, en outre, deux quotités disponibles : l'une calculée sur tous les biens, suivant l'art. 922 et applicable au cas, où c'est un héritier réservataire qui vient demander sa réserve en agissant en réduction; l'autre, calculée sur les seuls biens existant au décès, lorsque c'est un légataire qui vient la demander. Ajoutons, du reste, que cette question n'est plus discutée, au moins en jurisprudence, depuis l'arrêt Saint-Arromant rendu, chambres réunies. (Cass., 8 juillet 1826 ; Sirey, 1826, 1, 313. Voy. M. Vernet, *Revue prat.*, t. 11, p. 257, M. Labbé, *id.*).

Si, au lieu d'un legs de la quotité disponible, nous supposons un legs d'une fraction, tiers ou quart; par exemple, le testateur a dit : je lègue le quart de mes biens, y compris ceux dont j'ai disposé par acte entre vifs, pas de difficulté ; on suivra la volonté du défunt, et les héritiers *ab intestat* ne pourront pas demander à restreindre le legs au quart des biens existants. Inversement, s'il a restreint d'une manière formelle sa disposition au quart des biens existants au jour du décès, le légataire ne pourrait pas prétendre que c'est sur le quart des biens laissés au décès que se prendra le legs. S'il a dit : je lègue le quart de mes biens, sans rien ajouter, ce legs ne comprendra que les biens existants parce que, faute d'indications précises, c'est aux dispositions légales qu'il faut recourir ; or, il est de principe que les biens donnés sont définitivement sortis du patrimoine du *de cujus* ; en conséquence les légataires ne peuvent les considérer comme en faisant fictivement partie, pour calculer le montant de leur legs. (Zach., Aub. et Rau, t. 5, p. 308 ; Demol., 3, 192 bis).

CHAPITRE II

QUELS AVANTAGES SONT SUJETS A RAPPORT.

Dans notre droit, le rapport s'applique à trois ordres de faits : aux avantages entre vifs, aux legs, ou aux dettes.

§ I. — Avantages entre vifs.

L'héritier doit rapporter tout ce qu'il a reçu du défunt, directement ou indirectement, par donation entre vifs ; biens meubles ou immeubles, corporels ou incorporels ; on ne prend en considération la nature des biens, qu'au point de vue de la manière d'eff ctuer le rapport. Il n'est même pas nécessaire que le donataire ait profité de la libéralité ; s'adresse-t-elle à lui personnellement, cela suffit (849, 1573).

Il faut avoir reçu effectivement du *de cujus*. Voici quelques applications de cette idée. Supposons qu'un père ait déclaré donner une certaine somme d'argent à un de ses enfants (931), mais que l'argent n'ait pas été compté. Il meurt ensuite, après trente ans. Les cohéritiers du donataire, argumentant de l'art. 226, pourront-ils dire : notre père est présumé avoir payé, par conséquent vous êtes présumé avoir reçu ? Non, ce qui résulte de la prescription accomplie, c'est que celui qui l'invoque peut repousser l'action du créancier ; mais corrélativement, il n'en résulte pas que ce dernier soit réputé avoir recu.

Une femme mariée sous le régime dotal, ayant renoncé, du vivant de son père, à exiger la dot que celui-ci lui avait constituée, est-elle tenue de rapporter à l'hérédité paternelle l'action qu'elle a contre son mari, par suite de cette renonciation ? La Cour de cassation a décidé la négative ; elle motive ainsi son arrêt : « Le rapport a pour objet de maintenir l'égalité entre héritiers; mais si une libéralité n'a existé que dans les mots et n'a rien de réel... si elle a été résolue d'un consentement réciproque; une telle libéralité ne troublant ni l'égalité du partage, ni la réserve légale, ne doit pas être sujette à rapport. » Les cohéritiers mettaient en avant que la femme avait une action contre son mari, et que cette action devait être rapportée comme l'équivalent de sa dot. Ce moyen fut rejeté « Peu importe l'action que la femme donataire peut avoir contre son mari ; cette action est essentiellement personnelle à elle ou à ses héritiers. » La Cour de cassation part, en définitive, de cette idée que l'action de la femme a sa source dans les conventions matrimoniales des futurs époux. Cela étant, il va sans dire qu'on ne saurait l'obliger à remettre à la succession de son père un bien qu'elle ne tient pas de lui. (Voy. Cass., 21 juill. 1846, Dev., 46, 1, 826.)

Pour être tenu au rapport, il faut comme nous venons de le montrer, avoir reçu du défunt, ajoutons : directement ou indirectement.

La libéralité directe est celle qui s'annonce d'une manière claire. On reconnaît de suite à l'examen de l'opération que l'un a donné et l'autre reçu.

Les libéralités qui s'annoncent le plus directement sont celles qui sont faites devant notaire suivant les formes et autres conditions exigées par la loi. Quant à celles-là, nous les soumettrons au rapport sans difficulté. Nous y comprenons les donations par contrat de mariage (1573, *arg. à contr*).

Que décider pour les donations rémunératoires, ou avec charge? Nous prenons l'hypothèse d'une donation immobilière; quand les choses données sont mobilières, il n'y aura aucune difficulté à déterminer le *quantum* du rapport qui se fera alors en moins prenant. Il est bien entendu, de même, que le rapport des donations rémunératoires ou avec charge serait écarté, si la donation n'était au fond qu'un acte à titre onéreux; et c'est ce qui arriverait si la valeur de l'objet donné était équivalente ou à peu près à celle des services rendus ou charges acquittées. Cela dit, aujourd'hui comme autrefois les auteurs ne sont pas unanimes. Les uns veulent que l'immeuble donné soit rapporté en entier, sauf indemnité à raison des charges ou des services, si toutefois ces services ou ces charges peuvent obliger le donataire. Il donnent pour motif que ce système avait triomphé dans l'ancienne jurisprudence, afin de prévenir les contestations qui n'auraient pas manqué de s'élever sur la valeur des choses données, le caractère et le prix des services rendus. Enfin l'art. 960 soumet à la révocation pour le tout les donations rémunératoires ; d'un autre côté, les articles 953, 954, 956 supposent des donations révocables pour cause d'inexécution des charges ; tout cela indique bien qu'il y a rapport dans la même proportion.

M. Demolombe au contraire, les soumet au rapport, dans la limite de l'excédant de valeur de l'immeuble sur les services rendus ou les charges, suivant l'opinion de Lebrun.

Dans le doute, ne serait-il pas plus simple d'appliquer la règle de l'art. 866, *major pars trahit ad se minorem ?*

Les dons manuels sont des libéralités directes ; nous les soumettrons au rapport, d'après l'art. 843, et suivant la restriction faite dans l'art. 852. Nous supposons le don manuel prouvé ; la preuve s'en établit suivant le droit commun.

La remise de dette doit également être rapportée. Il s'agit de la remise résultant d'une décharge dans la forme des donations, ou de l'abandon, ou de la suppression du titre.

Les libéralités indirectes peuvent avoir lieu de bien des manières, mais on doit toujours y trouver cette condition : Appauvrissement du *de cujus* avec intention évidente d'enrichir l'héritier.

Elles peuvent résulter :

1º D'actes auxquels le successible n'a pas été partie, actes unilatéraux. Ferons-nous rentrer dans cette catégorie la renonciation en faveur du successible à un legs, à une succession, à laquelle le *de cujus* était appelé conjointement avec lui, celle faite par la femme remariée à une communauté avantageuse ayant existé entre elle et son premier conjoint, pour en faire parvenir l'émolument aux enfants du premier lit; enfin, pour parler en général, les renonciations à des droits acquis ? On a soutenu qu'il n'y avait point lieu au rapport, parce que ce serait obliger dans ces différentes hypothèses le successible à rapporter son propre bien. En effet, par la renonciation au legs, à la succession, à la communauté le successible défunt est censé n'avoir jamais été héritier (783). Si cela est vrai, il n'a pu transmettre son droit à son propre successible. Ce dernier en profite en vertu d'un droit qu'il tient de la loi et non du *de cujus* ; par conséquent il ne

doit pas le rapport de cet avantage à sa succession. (Gren.,
2 juin 1864 ; Dev. 64, 2, 223.)

Nous n'admettons pas cette opinion. Il n'est pas exact de
dire que le successible tient son droit uniquement de la loi.
Malgré l'effet rétroactif attaché à la renonciation, il n'en est
pas moins vrai que le renonçant abdique un droit, diminue
son patrimoine, et rend efficace, par sa renonciation, la voca-
tion personnelle de son co-successible. Il est la cause médiate
de son acquisition. C'est donc, au moins, comme avantage
indirect que cet avantage sera rapporté. Nous supposons
d'ailleurs qu'il est établi en fait que le *de cujus* a renoncé, pour
faire profiter le successible de son acquisition, et non dans
son propre intérêt. (Cassat., 15 mai 1866, Dev., 66, 1, 726.)

Même décision, quand un père se démet en faveur de son
fils d'une fonction, pour laquelle le titulaire a le droit de présenter son successeur à l'agrément de l'autorité publique.
(Loi du 28 octobre 1816, art. 94.)

2° La seconde classe d'avantages indirects comprend ceux
que le successible a retirés d'actes survenus entre le *de cujus*
et un tiers. Telle serait la stipulation dans les termes de l'art.
1121, le cautionnement du successible par son auteur. Evi-
tons toutefois une confusion. Si, au moment de sa mort, le
défunt avait déjà payé la dette, le rapport aurait lieu en vertu
de l'art. 811. Ce serait un rapport de dettes. La question ne
peut donc s'élever que si la dette n'a pas été éteinte au moment de l'ouverture de la succession. Même restreinte à ces
termes, nous n'hésiterons pas à la résoudre dans le sens de
l'affirmative ; l'héritier rapportera à ses cohéritiers la décharge du cautionnement. (Demol., 16, p. 358, Demante, 3,
n° 187, iv.)

Le cautionnement peut avoir été fourni dans l'intérêt du créancier ; c'est celui-ci alors qui devra le rapporter s'il est successible. (Cassat., 29 décembre 1858.)

Ajoutons le paiement des dettes du successible, quand il est prouvé, en fait, que le *de cujus* a voulu le gratifier. Mais il faut que la dette puisse donner lieu à une action en justice. Cette idée nous conduit à nous demander si le rapport serait dû quand les dettes acquittées sont nulles ou annulables. Quant à celles contractées par un majeur, la réponse ne saurait être douteuse. Pour qu'il y ait lieu au rapport, il faut qu'il y ait une libéralité, un avantage quelconque procuré à l'héritier; et ici cette condition n'est pas remplie, puisque l'héritier, ne peut être contraint à payer. Le défunt n'a pas géré utilement son affaire. S'il s'agit, au contraire, de dettes contractées par un mineur et acquittées par le père, les opinions sont loin d'être unanimes. Lors de la discussion de notre article, au conseil d'Etat, cette question fut agitée. Tronchet et Cambacérès insistèrent pour le rapport. Leur opinion sembla avoir triomphé, mais malgré cela l'art. 140 du projet, (aujourd'hui l'art. 851), ne fut point changé dans la rédaction définitive ; nous croyons donc que le rapport n'est pas dû, parce qu'il n'y a pas d'avantage procuré ; en définitive ; le mineur n'aurait pu être poursuivi.

Les partisans de la doctrine contraire argumentent de la discussion du conseil d'Etat ; ils disent que, si le rapport n'était pas exigé, une famille pourrait être ruinée par les prodigalités d'un jeune homme. Ce serait inviter les prodigues à la dépense, tandis qu'il importe de retenir par l'obligation du rapport. Ceci n'est pas concluant au point de vue de l'interprétation de la loi; car la discussion engagée sur ce point fut assez confuse, et, nous le répétons, n'aboutit à aucun résultat. Et puis il arriverait, dans ce système, que le mineur serait moins protégé que le majeur, décision inadmissible et heurtant de front toutes les dispositions du Code sur la minorité ; que le père, enfin, pourrait faire valoir à son gré des engagements que la loi elle-même déclare annulables. Dans une opinion intermédiaire, on laisse au juge le soin d'apprécier, suivant la circonstance, si le paiement de ces sortes de dettes donne ou non lieu au rapport. Est-ce plus admissible ? Non. Dès que la dette est annulable et n'a pas été ratifiée par le mineur, le père en la payant ne procure à celui-ci aucun avantage. (M. Labbé, *Rapp.*, *des dettes*, n°˙ 26, 27.)

Par application de cette idée que celui-là est obligé au rapport, qui a reçu un avantage, nous y soumettrons la somme payée par le défunt pour exonération du service militaire. C'est là une dette personnelle ou successible. Nous ne distinguerons pas si la somme est considérable ou modique, suivant la position pécuniaire des parents. Il est vrai que l'art. 852 fait une restriction pour les présents d'usage ; mais il est impossible d'y faire rentrer le paiement d'une dette de cette nature. Toutefois, si l'exonération avait profité plutôt au *de cujus* qu'au successible lui-même, ce qui arriverait si le travail de ce dernier lui avait été utile, il faudrait écarter le rapport.

Enfin, aux termes de l'art. 852, le rapport est dû de ce qui a été employé pour l'établissement d'un des cohéritiers Cela comprend la constitution de dot et les dépenses faites pour l'établissement proprement dit, par exemple, l'achat d'un office ministériel, fonds de commerce, etc. Il faut y ajouter les accessoires nécessaires à l'exercice de la profession, bibliothèque de jurisprudence ou de médecine, le tout sans rentrer dans les termes de l'art. 852.

Les avantages indirects peuvent encore résulter de contrats à titre onéreux, passés entre le défunt et son successible (Art. 853, 854).

Ces articles ne sont que l'expression du principe général de la liberté des conventions, et de cet autre que la réalité d'un acte est conforme à son apparence. Ainsi, une vente, un échange, ou tout autre contrat à titre onéreux, est intervenu entre le défunt et son successible ; ces contrats sont réputés être réellement ce qu'ils paraissent, si les intéressés ne parviennent pas à démontrer qu'ils cachent une donation.

Remarquons, en passant, que, dans le système de ceux qui dispensent les libéralités déguisées du rapport, les intéressés n'ont aucune preuve à faire; car le déguisement aura toujours pour conséquence de les y soustraire. Nous avons suffisamment réfuté ce système pour ne pas y revenir ici.

Le rapport sera donc dû toutes les fois qu'il y aura un avantage indirect. C'est ce qui ressort bien, *à contrario*, de l'art. 853. « Il n'est pas dû de rapport pour les profits que l'héritier a pu retirer de conventions passées avec le défunt, si ces conventions ne présentaient aucun avantage indirect, lorsqu'elles ont été faites. » Par exemple, un père a vendu à son fils pour 60,000 fr. une maison qui en vaut 80,000 ; celui-ci la revend, de sorte qu'il en résulte pour lui un avantage indirect de 20,000 fr. ; cet avantage sera rapportable. Mais si l'immeuble vendu avait ensuite augmenté de valeur, le successible garderait ce bénéfice pour lui. Ce serait là un avantage produit par les circonstances, par le jeu régulier des contrats. La loi ne fixe pas de quelle importance devra être l'avantage. Le juge du fait comparera la valeur de la chose avec l'avantage dont bénéficie le successible, examinera l'intérêt que le défunt avait dans l'opération, si d'autres personnes avaient offert un prix supérieur, etc., etc.

Cela admis, en quoi consistera le rapport? La convention sera-t-elle considérée comme non avenue, ou sera-t-elle maintenue avec obligation pour le successible de défalquer l'avantage dont il a profité? Ici encore nous croyons que le législateur n'a pas posé de règle absolue; ce sera une question de fait, suivant les circonstances. La chose est-elle divisible, il n'y aura pas de difficulté; la convention sera maintenue, et le rapport fait en nature, suivant l'importance de l'avantage indirect. Est-elle indivisible, on pourra par analogie appliquer l'art. 866.

Dans l'art. 854, le législateur s'occupe des sociétés. Il lui a semblé que ce contrat présentait plus que les autres le danger de dissimuler des avantages. Il décide qu'il ne sera pas dû de rapport pour les associations faites sans fraude entre le défunt et l'un de ses héritiers, lorsque les conditions en auront été réglées par acte authentique.

Que veulent dire les mots : faits sans fraude? Ils veulent dire sans avantages indirects; ce qui s'entend, et des libéralités indirectes proprement dites, et des libéralités déguisées. Nous avons vu que les partisans des dispenses tacites de rapport, ont donné une autre explication. Ils ont prétendu qu'il s'agissait de la fraude pratiquée pour éluder les dispositions sur la réserve, ou pour écarter, au profit du successible, les règles d'équité déterminant les droits et obligations de chaque associé, vis-à-vis de ses co-associés. On ne voit pas bien sur quelle base repose cette interprétation. Ce qui prouve que la loi n'a eu en vue ni la réserve ni les obligations, ou droits des co-associés, c'est le mot pareillement qui lie nos deux articles. Comment l'expliquerait-on, s'il ne s'agissait pas d'un même ordre de faits ?

La fin du texte ajoute: lorsque les conditions ont été réglées par acte authentique. Pourquoi cette formalité spéciale? La loi, nous l'avons dit, part de cette idée que le contrat de société peut déguiser facilement des libéralités ; or l'authenticité assure la date de l'acte, empêche sa suppression, en même temps qu'elle facilite les recherches qui pourraient être faites, sur le point de savoir si l'association ne contenait pas quelque fraude. Voilà la raison pour laquelle l'enregistrement d'un acte sous-seing privé ne suffirait pas; car, s'il donne à l'acte date certaine, il n'en relate pas les clauses.

Quid, si les parties avaient observé les prescriptions des articles 42 et 43 du Code de commerce sur la publicité des sociétés, telles que l'enregistrement de l'acte, le dépôt d'un extrait au greffe du tribunal, l'affichage dans les salles d'audience, l'insertion dans les journaux ? Cela ne suffirait pas encore « *generalia non specialibus derogant.* » Du reste, tout le monde reconnaît que l'article 1834 du Code civ. est modifié par l'article 854 : pourquoi en serait-il autrement de l'article 39 de Code du commerce ? Les motifs de la loi commandent également cette solution. L'affichage, la publication ne portent que sur un extrait de l'acte. Cet extrait fait connaître aux tiers, qui traiteraient avec la société, l'organisation de la gérance, la durée de l'association, mais serait insuffisant pour permettre aux intéressés d'apprécier s'il y a dans la convention des avantages indirects, dans le cas où l'acte sous seing privé viendrait à être supprimé.

9.

Quelle est la sanction du défaut d'authenticité? L'obligation au rapport, sans que l'héritier puisse démontrer qu'il n'a pas été gratifié. Ainsi les avantages même non frauduleux seront rapportables, lorsque les conditions de la société n'auront pas réglées par un acte authentique. Des auteurs ont soutenu que l'héritier pourrait prouver contre cette présomption. Cette opinion paraît trop contraire au texte, pour que nous puissions l'admettre. Quant à la jurisprudence, elle applique encore ici sa théorie sur les donations déguisées. Elle permet au juge d'examiner s'il ne résulte pas des circonstances que le *de cujus* a voulu dispenser son successible du rapport.

Nous venons d'énumérer les avantages rapportables. Voyons inversement ceux qui ne le seront pas. Les frais de nourriture, d'entretien, d'éducation, d'apprentissage, les frais ordinaires d'équipement, ceux de noces et présents d'usage ne doivent pas être rapportés (852). Pourquoi cela ? Les uns ont dit : si le législateur a fait exception pour ces dépenses c'est qu'ayant été prises sur les revenus elles n'ont pas diminué le patrimoine du *de cujus* ; s'il ne les eût pas faites, il eût vécu plus largement, *lautius vixisset* ; or, si le patrimoine du *de cujus* n'a pas été diminué, on ne voit pas pour quelle raison il y aurait lieu de le compléter par le rapport. Les autres ont cherché une explication différente. Suivant eux, notre article doit être expliqué par l'article 203. D'après cet article, les époux contractent ensemble, par le fait seul du mariage, l'obligation de nourrir, entretenir et élever leurs enfants. Partant de là, le défunt a acquitté une dette et non pas fait une libéralité.

Le premier point de vue n'est pas complet, parce que les

dépenses dont il s'agit seraient exemptées du rapport alors même qu'elles eussent été prises sur le capital. Le second est inexact; si en effet, il était vrai que notre article s'expliquât par l'article 203, il faudrait seulement l'appliquer en ligne directe; or cette distinction est repoussée par les termes mêmes de la loi qui est générale. L'article 852 déroge à l'article 843 ; donc le premier doit dispenser du rapport toutes les personnes qui s'y trouvent obligées, d'après le second.

Le motif pour lequel le législateur a fait une exception à ses principes est celui-ci : quand un défunt a fait des dépenses rentrant dans les termes de notre article, sans doute, il y a bien là un certain avantage pour l'héritier; mais y a-t-il une valeur plus considérable dans son patrimoine ? Non, la plupart du temps il n'aura retiré aucun profit de la libéralité à lui faite. Le soumettre au rapport serait lui causer un préjudice d'autant plus considérable que la nature même de l'avantage implique qu'il n'a pu le capitaliser. Nous ferons l'application de ce raisonnement, sans distinguer si les héritiers avaient ou non des biens personnels s'ils étaient majeurs ou mineurs, établis ou non. Nour nous attacherons toujours au caractère de la libéralité.

Parmi les frais d'éducation nous ferons rentrer les achats de livres, les frais de voyage, les honoraires des maîtres etc... L'article excepte également les frais de noces et les présents d'usage. Toutefois, ces frais de noces ne comprennent pas le trousseau.

Quant aux présents d'usage, il faut considérer si, eu égard à la fortune du *de cujus*, aux circonstances qui les ont déterminés, ils rentrent bien dans les termes de la loi. Ils pour-

raient quelquefois n'être qu'une constitution de dot, un établissement.

Les frais ordinaires d'équipement s'entendent de l'achat
des chevaux, armes... pour le successible qui entre au service militaire.

Les fruits échappent aussi au rapport. La raison est que
leur présence dans le patrimoine de l'héritier donataire ne
dérange pas l'égalité établie par la loi; et nous répéterons ce
que nous avons dit plus haut : si le *de cujus* eût conservé
la chose frugifère, il les eût consommés *lautius vivendo*.
Vouloir en exiger de lui la restitution, serait l'exposer
à de graves préjudices, peut-être même à la ruine. Ensuite
l'objet donné serait, entre ses mains, un dépôt inutile et
dangereux ; il serait obligé de conserver pour restituer sans
profit.

Il y a cependant un moment à partir duquel sont dûs les
fruits et intérêts des choses sujettes à rapport. L'article 856
nous l'indique, c'est l'ouverture de la succession. Ils sont
dûs de plein droit, sans demande en justice. Pour régler les
droits des cohéritiers et du donataire, on appliquera les
règles de l'usufruit (585, 586). En matière de réduction, au
contraire, les fruits et intérêts sont dûs à partir de l'ouverture de la succession, si le réservataire forme sa demande
dans l'année, sinon à partir de la demande. Cette différence
s'explique. En cas de rapport, le donateur sait ou doit savoir
que les fruits pourront lui être demandés à partir de l'ouverture de la succession ; c'est à lui de les mettre de côté;
tandis qu'en cas de réduction, il peut ignorer si la donation sera réduite ou non. Peut-être le sera-t-elle, peut-
être ne le sera-t-elle pas? Tout dépend de l'importance des

biens laissés par le *de cujus*. Au bout d'un an, dans le silence des héritiers réservataires, il se croit de plus en plus à l'abri de la réduction, il consomme les fruits ; les lui faire restituer , à partir du décès , serait par trop rigoureux.

Lorsque des rentes perpé tuelles ou viagères auront fait l'objet d'une libéralité, les arrérages seront aussi dispensés de rapport ; sans distinguer si ces rentes, étant dues par un tiers ont été données à son successible par le défunt, ou si ce dernier, les ayant constituées sur lui-même, s'était obligé à les servir. Le donataire pourrait même exiger les arrérages qui lui seraient dûs au moment de décès. Qu'on ne vienne pas objecter que l e motif, sur lequel repose l'article 856, ne peut plus s'appliquer ici. Le successible a pu disposer d'avance de ces arrérages, il a eu d'autant plus de raison de compter sur eux que la plupart du temps ils sont destinés à faire face aux charges d'un établissement formé par lui. La même décision serait applicable aux produits d'un usufruit cédé ou constitué par le défunt.

Quid, si la donation portait directement sur les revenus, au lieu de comprendre un objet principal produisant des fruits ? Par exemple, le défunt avait abandonné à son successible la jouissance d'un de ses immeubles sans constituer un usufruit, ou s'était engagé à lui fournir une rente ou une pension annuelle, le tout sans désignation de capital. Certains auteurs ont prétendu que, la donation portant directement sur les fruits, revenus, on ne se trouvait plus dans les termes de la loi. Nous croyons qu'il faut distinguer. Les choses ont-elles été données et reçues avec intention d'être employées à l'entretien du successible, de sa famlle..., elles échappent par leur destination à la règle de l'article 843; et cela, par la raison que nous avons déjà donnée deux fois : l'impossibilité du rapport, sans préjudice pour le donataire.

Mais supposons qu'un père ayant constitué une dot de 100,000 francs à une de ses filles, lui délègue pendant 5 ans le revenu d'un héritage de 20,000 francs; le total des sommes touchées sera soumis au rapport, parce qu'il y a là pour le successible une donation de capital.

L'art. 918 contient encore une dispense de rapport qu'il faut examiner, au moins sommairement. Cet article vient de l'art. 26 de la loi du 17 niv., an II, avec les modifications résultant du système du Code sur les personnes ayant droit à la réserve et sur celles qui peuvent recevoir une donation de la quotité disponible. Il prévoit trois sortes d'aliénations, dont une, la première, rentre dans la seconde :

1° Aliénation à charge de rente viagère : ceci est simple.

2° Aliénation à fonds perdu, c'est à dire, faite moyennant un droit viager pour l'aliénateur dans la succession duquel l'équivalent pécuniaire ne se retrouvera pas ; telle serait l'aliénation à charge de rente viagère que nous venons de citer, et celle à charge d'un usufruit cédé sur un bien qui appartient au successible.

3° Aliénation avec réserve d'usufruit, c'est-à-dire aliénation ordinaire ou à fonds perdu.

Dans ces différents cas la loi présume que ces opérations intervenues entre le défunt et son successible en ligne directe, sont en réalité, des opérations à titre gratuit. Alors par suite de la difficulté d'apprécier d'une manière exacte l'importance des charges viagères, elle déclare imputable sur le disponible, la valeur en pleine propriété des biens aliénés ; elle exempte le successible du rapport, mais elle le soumet à la réduction. Cette présomption est si absolue, que le successible qui a payé les arrérages de la rente viagère, ou le prix de la nue-propriété, ne serait pas admis à en exiger la restitution. Toutefois la loi de nivôse, et l'art. 918 lui-même, donnent aux parties le moyen de valider le contrat ; qu'elles appellent les autres successibles en ligne directe; cette imputation et ce rapport ne pourront être demandés par ceux des autres successibles en ligne directe, qui auraient consenti à ces aliénations, ni, dans aucun cas, par les successibles en ligne collatérale.

Nous n'avions pas besoin de ces derniers mots pour écarter la présomption dont il s'agit, en ligne collatérale. La loi de nivôse, elle, avait dû prévoir ce cas, parce qu'elle défendait les dispositions par préciput, entre tous ordres d'héritiers. Aujourd'hui donc, les collatéraux restent sous l'empire du droit commun. Ce serait aux intéressés de cette ligne à prouver que le contrat contient une libéralité, pour en exiger le rapport.

Enfin, on discute la question de savoir si les successibles qui n'existaient pas au moment du contrat ou qui se trouvaient primés par d'autres à la même époque, pourraient invoquer l'art. 918. Nous la laissons de côté. Au point de vue où nous la plaçons, elle n'offre qu'un intérêt secondaire.

§ 2. — **Rapport des legs.**

Les textes ne disent pas de quelle manière se fait le rapport des legs. De là plusieurs opinions.

Les uns soutiennent que dans les rapports des légataires et des héritiers, les legs sont frappés de caducité (*Zach.-Aub. et R.* t. 5, p. 333. *Mass. et Vergé*, t. 2, p, 409. *Dur.* 7, n° 214.) Ils invoquent le texte même de la loi. « L'héritier... ne peut retenir les dons ni *réclamer* les legs à lui faits. » Ce qui équivaut à dire qu'il ne pourra les précompter sur sa part héréditaire.

D'autres admettent au contraire que la loi a voulu déférer au successible l'option entre le legs et sa part héréditaire. S'il s'agissait d'un legs d'immeuble, le légataire pourrait réclamer la délivrance de l'immeuble, s'il se trouvait dans la succession d'autres immeubles de même nature, valeur et bonté dont on pût former des lots à peu près égaux pour les autres cohéritiers (art. 859, 924). Pour le legs d'un meuble, l'héritier pourrait toujours le réclamer. Ainsi dans ce système, l'option se restreint à l'hypothèse d'un rapport en moins prenant. On s'appuie sur les art. 844, 847, 848..., qui appliquent aux legs les règles du rapport des donations. Il est vrai que l'art. 843 dit que l'héritier ne pourra réclamer les legs ; mais cette disposition doit s'entendre en ce sens que les legs sont assujettis au rapport comme les donations, que l'héritier ne pourra les retenir en sus de sa part héréditaire. Cette dernière opinion paraît la plus admissible ; elle a l'avantage de faire produire un effet à la volonté du *de cujus*.

Nous ne reviendrons pas ici sur ce que nous avons dit au sujet des motifs qui ont amené le législateur à imposer au légataire l'obligation du rapport.

§ 3. — Du rapport des dettes.

Aux termes de l'art. 829, chaque cohéritier fait rapport à la masse des sommes dont il est débiteur. D'après cela, la question du rapport des dettes s'élève, non-seulement entre les descendants, comme autrefois (exception sous la coutume de Paris), mais entre tous les héritiers. Et, relativement aux dettes sujettes à rapport, la formule de notre article est encore plus large que l'ancien droit. Il y est traité des dettes en général. Les auteurs coutumiers, Lebrun, Bourjon, ne parlent que du prêt. Ils supposent, comme nous l'avons vu, qu'un père a prêté de l'argent à un de ses enfants, et ils disent que la somme prêtée sera l'objet d'un rapport. Le fondement de cette décision était que le père, en prêtant, avantage son fils. Le prêt était effectivement rangé parmi les contrats de bienfaisance. Cette so'u'ion, œuvre de la jurisprudence, était très-équitable. Dans l'hypothèse que nous venons de poser, l'égalité aurait-elle été maintenue, si cet enfant, faisant abstraction de sa dette, eût pris, dans la succession de son père, une part égale à celle de ses frères ou sœurs, sauf à les laisser créanciers jusqu'au remboursement ?

Il y a donc un rapport de dettes ; seulement, ce qu'il n'est pas facile de déterminer, ce sont les dettes qu'il comprend et les effets qu'il produit.

En présence de l'art. 853, qui décide formellement qu'il n'est pas dû de rapport pour les profits que l'héritier a pu retirer de conventions passées avec le défunt, si ces conventions ne présentaient aucun avantage indirect lorsqu'elles ont été faites, nous croyons devoir poser, avec quelques auteurs, la distinction suivante : s'agit-il de prêts gratuits ou autres avances désintéressées, nous appliquerons sans difficulté l'art. 829 ; s'il y a un terme, le bénéfice en est perdu. Mais faudrait-il décider de même, si la dette du successible était supérieure au montant de sa part héréditaire ? L'affirmative avait prévalu dans l'ancien droit et je pense qu'on peut donner aujourd'hui la même solution. En définitive, l'héritier, en acceptant, s'est soumis au rapport sans condition. (829, 850). (En sens contraire, M. Labbé, *Rev. crit.*, t. 7, p. 508).

S'agit-il, au contraire, de dettes provenant de contrats, à titre onéreux, comme la vente, ou même le prêt fait par le *de cujus,* dans l'intention de placer son argent, il faudra voir encore si la dette est exigible ou non ; que déciderons-nous, dans le premier cas ? Il semble bien qu'il ne peut être question de rapport, car la distinction que nous venons de faire indique assez clairement que nous faisons reposer le rapport de notre article sur l'idée d'un avancement d'hoirie. Cela est vrai ! Et cependant nous maintenons que cette dette sera rapportable. Le motif d'un avancement d'hoirie n'est pas le seul fondement de l'art. 829. En introduisant le rapport des dettes, la loi a eu aussi pour but d'empêcher qu'il n'y eût des héritiers créanciers l'un de l'autre ; elle a voulu que tout fut réglé avant l'ouverture de la succession. En conséquence, les intérêts courront du jour fixé par l'art. 856.

L'héritier débiteur imputera sur sa part le montant de sa dette, et laissera ses cohéritiers prélever une valeur égale en objets de même nature, si faire se peut. S'il s'agit d'argent prêté,l'héritier débiteur pourra abandonner, en cas d'insuffisance du numéraire de la succession, d'autre mobilier, et même des immeubles. Il pourrait encore prendre sa part entière, sauf à récompenser en argent ses cohéritiers.

La dette n'est pas exigible. Il serait bien dur alors de priver le débiteur du bénéfice du terme. Ce serait modifier l'exécution du contrat, tandis que l'esprit de la loi manifesté par les art. 853, 854, nous le répétons, est de faire produire aux contrats, intervenus sérieusement entre le *de cujus* et son successible, les mêmes effets qu'à ceux passés entre étrangers. Mais si le rapport n'avait lieu qu'en moins prenant, le contraire se produirait, car les cohéritiers ne réclament rien de leur cohéritier débiteur ; la situation de celui-ci n'est pas changée.

En deux mots, voici le principe à suivre : toutes les fois que la dette est mêlée d'un certain avantage, cet avantage sera perdu pour le débiteur. (M. Valette, à son cours).

On voit de suite que les conséquences ne sont plus ici les mêmes que dans le premier cas. Les héritiers ne peuvent exercer de prélèvements, et la créance se partage comme si c'était celle d'un étranger. Les intérêts ne courent que s'ils ont été stipulés dans le contrat, ou s'ils résultent de sa nature.

Ainsi, dans certains cas, les héritiers peuvent prélever, sur la masse de la succession, l'équivalent de la dette de leur cohéritier. On se demande maintenant s'ils auront ce droit vis-à-vis de ses créanciers personnels ? Bon nombre

d'auteurs pensent que oui. On a dit, dans l'opinion contraire, que ce serait créer à leur profit un privilége; que, de
plus, les art. 829, 830 étaient exclusivement destinés à régler les relations des cohéritiers entre eux, sans s'occuper
de leurs créanciers. C'est là une assertion gratuite. Les articles cités font-ils une distinction? Restreignent-ils les
droits des cohéritiers partageants au cas où le cohéritier débiteur n'a pas de créanciers? En aucune façon ! Du reste, les
principes sont également clairs. De deux choses l'une : ou
les créanciers se présentent, en vertu de l'art. 1166 pour
exercer les droits de leur débiteur, ou ils agissent en vertu
de l'art. 1167. Dans le premier cas, ils n'ont pas plus à réclamer que leur ayant-cause, le cohéritier débiteur ; dans le
second, de quel droit viennent-ils prétendre qu'un partage,
auquel il a été procédé suivant les formes légales, a été fait
en fraude de leurs droits? Remarquons d'ailleurs, que les
cohéritiers en exerçant leur prélèvement agissent plutôt
comme copartageants que comme créanciers. Ce qui le
prouve, c'est d'abord la place de notre art. 829, au milieu
d'une section qui traite de l'action en partage, des obligations entre copartageants, et cette idée que le meilleur
moyen d'épargner aux cohéritiers les risques de l'insolvabilité de leur débiteur était d'autoriser les prélèvements en
question. Sans cela, le maintien de l'égalité aurait été la
plupart du temps, illusoire.

Nous nous sommes occupés jusqu'ici des dettes qui ont pris
naissance entre le *de cujus* et son successible. Que déciderons-nous relativement à celles dont un cohéritier peut être
tenu envers un de ses cohéritiers pour des causes postérieures à l'ouverture de la succession, comme pour des per-

ceptions de fruits, paiements faits entre ses mains ? etc...
Nous croyons avec MM. Demol. (t. 16, p. 592), Aubry et Rau
(5, p. 260), que ces sortes de dettes sont soumises à l'application de notre règle. Cette solution nous est indiquée par la
généralité des termes de l'art. 829 et par son rapprochement
avec l'art. 828, qui décide que les copartageants procèdent
aux comptes qu'ils peuvent se devoir ; or, comment ne pas
faire rentrer dans ces comptes les dettes dont nous parlons ?
On a contesté ce résultat ; on a dit que ce serait appliquer
la maxime *fructus augent hæreditatem,* maxime abrogée
dans notre législation. Mais, qu'est-ce qui prouve cette abro-
gation ? L'article 138 ? Non. Cet article est spécial, et on ne
peut pas en conclure que la règle n'a pas été reproduite
ailleurs.

Quel est l'effet d'un concordat, obtenu par l'héritier, au
point de vue du rapport? Celui-ci, par exemple, a obtenu une
remise de moitié 50 0/0, rapportera-t-il à la succession la
totalité de la dette ou simplement la moitié ?

Plusieurs opinions se sont produites. La première, invo-
quant l'autorité de l'ancien droit, admet que l'héritier con-
cordataire sera tenu d'imputer sur la part à laquelle il a
droit, l'intégralité de la somme due. En admettant même,
dit-elle, que la dette soit éteinte dans la mesure de la remise faite par le concordat, il n'en est pas moins vrai qu'il y
a eu un avantage reçu du défunt, avantage qui tombe sous
l'application de l'article 843. D'ailleurs, la mauvaise administration, ou les malheurs de l'un des enfants ne sont pas
des raisons suffisantes pour qu'on lui laisse prendre, au mé-
pris de l'égalité, la même part que s'il n'avait rien reçu. Au
reste, il n'est même pas exact de soutenir que le failli soit

absolument libéré. Il doit, en effet, s'il veut obtenir sa ré-
habilitation payer, en capital et intérêts, la portion de dette
dont il lui a été fait remise. Il est tenu d'une espèce d'obligation civile. (613 C. de comm.; art, 15 et 27. Déc. du 2
fév. 1852). L'opinion contraire conduirait à un résultat injuste. On pourrait voir, dans une succession, un enfant
tombé en déconfiture, rapporter la somme entière qu'il a
reçue, tandis que l'autre tombé en faillite n'en rapporterait
que la moitié (M. Labbé, *Rapp. des dettes, Rev. crit.* t. 7).

« La remise, résultant du concordat, dit encore M. Rivière,
n'est pas une libéralité ; elle n'est faite par les créanciers
que dans le but d'éviter les frais, et les inconvénients du
régime de l'union. » (Riv. *Répét. écr.*, p. 607).

La seconde opinion décide, au contraire, que le rapport
ne sera dû que déduction faite du montant de la remise. Le
concordat, tant que sa fidèle exécution l'a laissé debout, a
tenu pour soldée toute la portion dont il a fait remise
(Renouard, *traité des faillites*, p. 76).

La Cour de cassation adopte, sur ce point, la distinction
que nous avons faite. Le prêt a-t-il été consenti dans l'intérêt du successible, par exemple, pour faciliter son établissement ou la continuation de ses affaires, celui-ci rapportera
l'intégralité de la somme, parceque le défunt comptait sans
doute que sa part héréditaire répondrait de sa dette. Le
prêt a-t-il été consenti dans l'intérêt du *cujus,* pour faire
un placement, le rapport n'est dû que déduction faite de la
remise (Cassat., *ch. des rég.*, 17 avril 1850, Dev. et Carr.
1850, 1, 510. — Voyez en différents sens, Nîmes, 1er juin 1866.
(résolut implic.); Devill. et Carr. 2, 8, 1866 ; Bordeaux,
16 août 1870, Dev. et Carr. 1872, 2, 306).

On objecte que le prêt n'est jamais, pour le principal, une donation. C'est méconnaître la distinction entre les contrats de bienfaisance et les contrats à titre onéreux (1105-1106). Quant au motif d'inégalité, l'objection serait juste, si c'était la seule hypothèse où il se présentât. Mais est-ce que, si j'avais deux débiteurs, l'un commerçant, l'autre non commerçant, je ne pourrais pas réclamer contre le premier le paiement intégral de sa dette, sans pouvoir exiger du second autre chose qu'un paiement partiel ? (Demol. t. 16, n° 384, Zach. Aub. et Rau, t. 5, p. 317-318. — Voy. en sens opposé M. Demang. sur Brav., t. 5, p. 445).

Nous appliquerons la même distinction, quand nous voudrons résoudre le point de savoir si l'héritier, qui était débiteur du défunt, peut se prévaloir de la prescription, pour se soustraire à l'obligation du rapport vis-à-vis de ses cohéritiers ? Ainsi, s'agit-il d'avances faites au successible dans son intérêt, il y a là une dette soumise au rapport *ab initio*, et dont celui-ci ne pourra invoquer la prescription, quant au rapport, par la raison toute simple que la prescription n'a pu commencer à courir que du jour de l'ouverture de la succession (2257). Sommes-nous en présence de contrats à titre onéreux, prêts intéressés, etc., l'héritier opposera la prescription qu'il aurait eu le droit d'opposer au défunt (Demol. t. 16, n° 384, Zach. Aub. et Rau, t. 5, p. 318).

Si l'héritier débiteur est tenu du rapport d'après les règles que nous avons tracées, il n'en résulte pas pour cela que l'action en paiement du défunt soit éteinte. Les cohéritiers peuvent avoir intérêt à l'invoquer. Cela arrivera quand ils auront partagé, sans exiger le rapport, ou quand la dette sera supérieure à la part héréditaire du successible.

Terminons en indiquant, en deux mots, la différence essentielle entre le rapport des dettes et celui des donations.

L'héritier, donataire ou légataire, peut se dispenser du rapport en renonçant à son legs ou à sa donation. L'héritier débiteur renonçant ne peut se dispenser de payer ce qu'il devait au défunt. Au contraire, le rapport des donations n'est dû ni aux créanciers, ni aux légataires.

CHAPITRE III

COMMENT S'EFFECTUE LE RAPPORT.

Le rapport se fait en nature ou en moins prenant.

Le rapport en nature est la remise à la succession de l'objet même reçu.

Le rapport en moins prenant est une remise fictive ; l'héritier, au lieu de remettre l'objet reçu, laissera prendre à ses cohéritiers une valeur égale. Ceux-ci font alors des prélèvements ; c'est ce que disent les articles 830, 831.

Les prélèvements se font autant que possible en objets de même nature, qualité et bonté, que les objets non rapportés en nature (Art. 830). La détermination des objets à prélever a lieu sans tirage au sort par les parties capables et d'accord, ou par les représentants des parties incapables, sauf, ici, l'homologation du tribunal.

Si la valeur, qui doit être rapportée par l'héritier, est supérieure à sa part héréditaire, dans le cas d'un rapport en moins prenant, il en sera tenu compte par lui à la succession, sur ses biens personnels.

Voyons à présent quand le rapport se fera en nature, quand il se fera en moins prenant.

§ I. Rapport des immeubles.

Le rapport des immeubles se fait en nature (859), le rapport des meubles se fait en moins prenant. Cette différence s'explique par l'idée d'égalité qui sert de base au rapport. L'égalité ne serait pas maintenue si, parmi les cohéritiers, les uns pouvaient conserver de bons héritages, pendant que les autres n'auraient que de l'argent dont ils auraient souvent peine à faire emploi. Ajoutons qu'il sera toujours facile de rapporter un immeuble en nature ; il n'en est plus de même pour les meubles qui subissent des détériorations et ne sont pas toujours reconnaissables. (Voy. Demol. t. 16, p. 632).

En quelques mots, voici les principes qui dominent cette matière. Jusqu'à l'ouverture de la succession, le donataire est débiteur conditionnel ; au jour de l'ouverture, il devient effectivement débiteur ; mais sous la condition résolutoire de sa renonciation. Il s'acquitte de son obligation au moment du partage.

Le donataire est débiteur conditionnel. En conséquence, si l'immeuble a été mis hors du commerce, ou a péri par cas fortuit, sans qu'il y ait eu faute préalable du donataire, le rapport n'est pas dû (art. 855). Cette décision n'est que l'application des principes ordinaires, (Voy. art. 1182, 1302, 1303) et elle serait applicable au cas où l'immeuble aurait péri après l'ouverture de la succession. Le débiteur serait libéré par la perte de la chose, tandis que dans le cas précédent, son obligation n'aurait pu prendre naissance faute d'objet. C'est au donataire à prouver le cas fortuit (1302.).

Le locataire répond de l'incendie, s'il n'établit pas certains faits prescrits par l'art. 1733. En serait-il ainsi pour le donataire qui habite la maison ? Nous ne le croyons pas ; la disposition de l'art. 1733 est une disposition exceptionnelle au contrat de bail qui ne pourrait être étendue à une autre espèce ; c'est une présomption légale, et les présomptions légales sont de droit étroit (1350). Suivant l'art. 1303, le débiteur d'une chose mise hors du commerce, ou perdue sans faute, est tenu, s'il a quelque droits ou actions en indemnité, par rapport à cette chose, de les céder à son créancier. Dirons-nous, par application de cette idée, que le donataire doit rapporter à ses cohéritiers l'indemnité qu'il a touchée d'une compagnie d'assurance avec laquelle il a traité ? Non, parce que l'indemnité n'est point subrogée à la chose ; elle représente la prime payée à la compagnie par l'assuré (Zach. Aub, et Rau. p. 336. Demo. t. 16. p. 573.).

Dans le cas de détériorations ou d'améliorations, provenant de cas fortuits, l'immeuble est rapporté dans l'état où il se trouve. C'est un gain ou une perte pour la succession. En cas de faute de la part du donataire, peu importe qu'il s'agisse d'une négligence ou d'un fait actif, il sera tenu compte de la moins value à la succession (863.).

A l'égard des impenses faites par le donataire, voci la règle. Le donataire n'a droit a aucune indemnité, pour les dépenses d'entretien, ces dépenses sont charge des fruits (605, 856.)

(Durant. 3, 385. Chab. sur l'art. 861) ; ni pour les dépenses voluptuaires, parce qu'elles n'enrichissent pas la succession. Il a seulement le droit de les enlever, s'il le peut sans détériorer l'immeuble. Au contraire, il lui est dû une indemnité pour les grosses impenses, encore qu'elles n'aient pas amélioré le fonds, et pourvu toutefois qu'elles aient été faites dans une mesure raisonnable. Le *de cujus* eût été forcé de faire cette dépense et son patrimoine s'en trouverait diminué.

Même décision pour les impenses utiles. Il est tenu compte au donataire de la plue value produite au moment du partage (art. 861), ou seulement de la dépense, si la dépense est inférieure à la plus value. Tout ce que la loi veut, c'est que la succession ne s'enrichisse pas aux dépens du donataire, Il y a une difficulté sur le point de savoir si l'art. 861 est applicable dans l'hypothèse d'un rapport en moins prenant. Nous la verrons plus tard.

Si le donataire n'a pas fait les impenses nécessaires, c. a. d. les grosses réparations, serait-il responsable de sa négligence ? Ce n'est guère douteux, en présence de l'art. 863. On objecte que l'usufruitier n'en est pas tenu : cela est vrai; mais ici notre situation n'est pas la même. Quand il y a un usufruitier, celui-ci peut faire les grosses réparations, tandis que les héritiers présomptifs du donateur n'ont aucun droit sur la chose, tant que la succession n'est pas ouverte. L'obligation de veiller à la conservation de la chose portant sur le donataire seul, on comprend dès lors qu'il soit tenu plus rigoureusement.

Le donataire d'un immeuble, créancier de ses impenses, a un droit de rétention jusqu'au paiement (art. 867.). Ce qui n'empêche pas qu'il ait une action ordinaire, s'il avait restitué. Dans l'ancien droit, il y avait lieu en pareil cas au rapport en moins prenant. (art. 305, 306, *Cout. d'Orléans.*)

Le donataire peut avoir transféré des droits sur l'immeuble qu'il a reçu. Que vont devenir ces droits ? En d'autres termes, quel est l'effet du rapport en nature vis-à-vis des tiers. Cette question fait l'objet de l'art. 865. «Lorsque le rapport se fait en nature, les biens se réunissent à la masse de la succession francs et quittes de toutes charges créées par le donataire ; mais les créanciers, ayant hypothèque, peuvent intervenir au partage, pour s'opposer à ce que le rapport se fasse en fraude de leurs droits. » Quel est le sens de ces expressions, charges créées par le donataire ? Faut-il les entendre seulement des créances hypothécaires et exclure ceux qui ont d'autres droits réels ? On admet généralement qu'elles comprennent les servitudes, parce que c'était là la doctrine de l'ancien droit et que la loi elle-même qualifie les servitudes de charges (art. 637). Si donc l'article a simplement parlé des créances hypothécaires dans sa disposition finale, ce ne peut être qu'à titre d'exemple.

Ainsi, les biens se réunissent à la succession, libres de toutes charges, servitudes ou hypothèques etc., créées par le donataire. Au contraire, quand l'immeuble a été aliéné, le rapport n'a lieu qu'en moins prenant. On a cherché à expliquer, comme il suit, cette différence. Quand un immeuble, a-t-on dit, a été aliéné, le soumettre au rapport serait gêner la circulation des biens, entraver le crédit, par suite de l'éviction à laquelle serait exposée le tiers acquéreur. Cette raison n'est pas concluante, Pourquoi le créancier qui prête son argent sur hypothèque serait-il moins favorisé ? La sécurité des hypothèques n'est-elle pas aussi nécessaire au crédit public que celle des aliénations ? Très-probablement, les rédacteurs du Code ont voulu suivre l'ancien, droit qui admettait que le donataire pouvait aliéner, bien qu'il ne pût hypothéquer. Ce n'est pas, du reste, le seul exemple ou l'aliénation est permise, l'hypothèque et les autres charges [prohibées. (Locré, *législ, civ.* t, 10 p. 133 et suiv. Zach, Aub, et Rau, t. 5 p. 341. Demol. t. 16, p. 592, Mourl, *Répét. écr.* p. 196.)

Il est possible que l'immeuble rapporté tombe, par l'effet du partage, au lot de l'héritier donataire. Les anciennes charges seront-elles maintenues ? La plupart des auteurs décident affirmativement. Si la loi, en effet, révoque les charges consenties par le donataire, c'est qu'elle a en vue l'intérêt des cohéritiers : or, dans notre espèce, cet intérêt est complètement hors de cause. Ce motif nous paraît plus exact que celui tiré de l'effet rétroactif du partage (883).(Zach. Aub. et R., t. 5, p. 339 ; Mourl. *Répet. écrit.* t. 2. p. 195).

Ce qui précède nous montre clairement l'intérêt que peuvent avoir les créanciers hypothécaires à intervenir au partage. Ils pourront ainsi empêcher qu'on ne fasse frauduleusement tomber l'immeuble au lot des autres cohéritiers, dans le but d'anéantir les charges. Le même droit appartient, bien entendu, à tous ceux qui ont des droits réels sur l'immeuble.

Dans quelques cas, le rapport se fait en moins prenant. Ceci a lieu quand l'immeuble a été aliéné avant l'ouverture de la succession, nous l'avons dit ; et le rapport est de la valeur de l'immeuble à la même époque, sans distinguer si l'aliénation a été à titre gratuit ou à titre onéreux (art. 860). Que l'héritier doive la valeur de l'immeuble, cela est évident ; il ne peut pas changer, par son fait, l'objet de son obligation. S'il ne peut pas l'exécuter en nature, il en donnera l'équivalent. Mais ce qui n'est pas aussi facile à ex-pliquer, c'est le moment où le code se place pour déterminer le *quantum* de la valeur à rapporter. Il se place au mo-ment de l'ouverture de la succession (860). Dans l'ancien droit, Pothier disait, au contraire, que le donateur qui avait aliéné l'héritage devait rapporter le prix qu'il valait au temps du partage. (*Succ,* ch. 3, art. 2, § 7.). Il n'y a aucun motif de donné à l'appui de la décision de la loi dans les travaux préparatoires. De là, il suit que, si avant l'ouverture, l'immeuble aliéné a péri par cas fortuit, le donataire n'a rien à rapporter. En effet, l'art. 855, ne fait aucune distinc-tion sur le point de savoir si l'immeuble a péri entre les mains du tiers acquéreur ou du donataire, et d'autre part l'art. 860 veut que la valeur de l'immeuble soit estimée au moment de l'ouverture de la succession. Alors, si l'immeuble a péri, il est clair qu'il n'y a plus d'estimation possible et partant pas de rapport. On objecte que l'héritier bénéficiera du prix de vente. Sans doute, parce que ce profit lui vient de sa bonne fortune, et n'est pas un avantage qu'il fait aux dépens de la succession du défunt. (Poth. *Introd. au titre* 17 *de la Cout. d'Orléans,* n° 92.).

Quel moment prendrons-nous ici pour estimer les dé-penses ou les dégradations provenant du fait du donataire ou de ses ayant-cause? Nous ne parlons que des dépenses utiles, car l'art. 862 lève toute difficulté pour les dépenses nécessaires; elles sont dues, indépendamment de toute plus-value. De même, quant aux détériorations ; l'imputation devra s'en faire à l'époque de l'ouverture. Cela résulte en-core de la combinaison des art. 860, 864. Dans une première opinion, on argumente de l'art. 861. Cet article est formel. *Dans tous les cas*, il doit être tenu compte au donataire des dépenses qui ont amélioré la chose, eu égard à ce dont sa valeur se trouve augmentée au temps du partage. Dans tous les cas, c'est-à-dire, que l'immeuble ait été aliéné ou non. Mais l'autre système réplique que raisonner ainsi n'est pas tenir compte de l'art. 860. Il est vrai que ce dernier article, parlant simplement de la valeur de l'immeuble, se place au moment du décès pour en faire l'estimation. Cependant cette valeur elle-même n'est-elle pas subordonnée aux améliorations ou aux détériorations, de telle sorte que si nous appliquons l'art. 861, en nous attachant au moment du partage, nous violerons l'art. 860 qui se place au moment de l'ouverture de la succession ? Il faut alors opter, et opter pour l'art. 860. Cela est d'autant plus raisonnable que la contradiction, qui existe entre les deux articles, n'était pas dans l'esprit des rédacteurs du Code. Dans l'ancien droit, il n'était tenu compte que des améliorations qui subsistaient au moment du partage. Le projet de Code, dans l'art. 149 (861 act.) avait reproduit cette disposition, et l'art. 148 (860 act.) ne contenait rien relativement à l'époque de l'estimation de l'immeuble ; il posait simplement la règle que, au cas d'aliénation, l'immeuble serait rapporté en moins prenant. Plus tard, dans la discussion qui eut lieu au conseil d'Etat, il fut convenu qu'on se placerait pour l'aliénation de l'immeuble au moment de l'ouverture de la succession. On aurait dû dès lors modifier l'art. 861, en vertu du principe que l'accessoire suit le principal. Malheureusement cette modification nécessaire fut oubliée.

Il faut supposer pour l'application des principes précédents que l'aliénation de l'immeuble a été volontaire. Lorsque l'aliénation a été forcée, parce que le donataire a subi, par exemple, l'exercice d'une action en réméré, ou une expropriation pour cause d'utilité publique, l'obligation de rapporter l'immeuble se convertit en celle de rapporter la somme reçue. C'est une espèce de subrogation. Il suit de là que cette obligation est invariable, quoique l'immeuble ait augmenté, diminué de valeur, ou même péri totalement.

Un second cas de rapport d'immeuble en moins prenant est celui-ci : Il y a dans la succession des immeubles de même nature, valeur et bonté dont on peut former des lots à peu près égaux pour les antres cohéritiers. Cela est équitable. Quel intérêt les cohéritiers auraient-ils à exiger le rapport de l'immeuble lui-même, puisqu'il est possible de satisfaire autrement à l'égalité ? Ne serait-il pas injuste de dépouiller le donataire d'un bien auquel il attache peut-être un grand prix d'affection ? Ici l'estimation de l'immeuble se fera au moment du partage, car c'est à cette époque qu'il faut se placer pour la comparaison de sa valeur avec celle des autres immeubles. Ainsi les augmentations ou diminutions survenues jusque-là profiteraient ou nuiraient à la succession. En cas de perte totale l'obligation du rapport serait éteinte.

Nous trouvons un troisième cas de rapport en moins prenant lorsque l'immeuble a péri par la faute ou par le fait du donataire. Dans ce dernier cas celui-ci devra des dommages et intérêts. Quelle valeur ces dommages représenteront-ils ? Suivant les uns, ils représenteront la valeur qu'aurait eue l'immeuble au moment de l'ouverture de la succession s'il n'eut pas péri (860). D'autres pensent, je crois avec plus de raison, qu'ils seront l'équivalent de la valeur de l'immeuble au moment du partage. En effet, suivant eux, la disposition de l'art. 860 est contraire aux principes ; il ne faut pas l'étendre.

Enfin le rapport se fait aussi en mains prenant, quand le donateur a dispensé le donataire du rapport en nature, ou qu'il lui a laissé l'option entre les deux rapports. On a contesté ce droit du *de cujus* de dispenser du rapport en nature, et entre autres arguments, on a dit que l'article 859 déterminait limitativement les cas de rapport en moins prenant. Oui, cela est vrai entre héritiers, mais non vis-à-vis du *de cujus*. Ce dernier aurait pu dispenser totalement le donataire du rapport, pourquoi ne pourrait-il pas modifier son obligation?

Il nous reste à expliquer brièvement l'art. 866. La loi suppose que le don d'un immeuble a été fait au successible, avec dispense de rapport, et que la valeur de cet immeuble dépasse la quotité disponible. Comment s'opérera la réduction? L'article parle de rapport, mais nous corrigeons ces expressions comme nous l'avons fait sur l'art. 841: il s'agit de réduction. De deux choses, l'une : ou le retranchement de cet excédant peut avoir lieu en nature ou non. Dans le premier cas, pas de difficulté. La décision de la loi est conforme au droit commun. Le demandeur en réduction peut réclamer la chose elle-même, sauf le droit pour l'héritier de retenir sur les biens donnés la valeur de la portion qui lui appartiendrait dans les biens non disponibles, s'ils sont de même nature, conformément à l'article 924. Dans le second cas, ce n'est plus la même chose. Si nous n'avions que le droit commun, l'immeuble devrait être licité (art. 827, 1626). Ici le législateur est parti d'une autre idée. Il faut comparer la valeur de la portion disponible avec celle de la portion à retrancher. Celle-ci dépasse-t-elle celle-là, l'immeuble tout entier sera remis à la masse, sauf au donataire à prélever, sur cette masse, la portion disponible. Est-elle inférieure, le donataire gardera l'immeuble en totalité, sauf à moins prendre, et à récompenser ses cohéritiers en argent ou autrement. C'est l'application de cet adage : *major pars trahit ad se mino-rem.*

Remarquons bien que ce qu'il faut comparer, c'est la valeur du retranchement à subir et la quotité disponible, et non tout à la fois la quotité disponible et la réserve du donataire. Ainsi le veut le texte de notre article, et ce principe que les exceptions ne doivent pas être étendues (Dem., § 1, n° 199 *bis*).

Notre article enfin suppose que le don de l'immeuble a été fait à un héritier. S'il avait été fait à un étranger, nous rentrerions dans le droit commun. Le premier alinéa de l'article serait applicable, mais non le second. Évidemment la même décision serait donnée, en cas de renonciation du successible.

Quid, si la quotité disponible et la partie à retrancher sont égales ? Nous ne sommes pas ici dans l'exception ; je crois qu'il faudrait rentrer dans le droit commun; par conséquent appliquer les articles 827, 1686 sur la licitation.

§ 2. — **Rapport des meubles.**

Le rapport des meubles, nous l'avons déjà dit, ne se fait qu'en moins prenant, et sur le pied de la valeur du mobilier au moment de la donation. Comment expliquer cette différence entre les meubles et les immeubles ? Au conseil d'État, Malleville prétendait qu'il fallait suivre pour les meubles la même règle que pour les immeubles. Tronchet répondit que cela n'était pas juste parce que les immembles ne sont pas diminués par la jouissance, tandis que l'usage est la seule jouissance qu'on puisse tirer des meubles, et cet usage les dégrade pour le profit du donataire. Ajoutons d'ailleurs que le rapport en nature n'est pas toujours possible; car il y a des meubles qui, au bout d'un certain temps,deviennent méconnaissables. En raison de cette circonstance, le rapport en moins prenant, d'après leur valeur au moment du partage, n'eût guère été plus facile. Et puis ils peuvent être si facilement convertis en argent que la loi a pu regarder une donation mobilière, comme une donation de somme d'argent. Il résulte de là que le donataire étant débiteur d'une quantité, les risques sont à sa charge, *genera non pereunt* ; ainsi que les meubles périssent totalement ou se détériorent, c'est tout un pour lui; le rapport est toujours de la somme fixée. Par contre, il profite des augmentations survenues postérieurement à la donation.

Le seul cas où l'article 868 ne s'applique pas, est celui où les meubles donnés sont grevés d'un droit d'usufruit. La valeur à rapporter se détermine alors par celle des meubles au moment de la cessation de l'usufruit (compar. art. 587, 589.).

Comment constater la valeur qui fera l'objet du rapport ?

Par l'état estimatif qui doit être annexé à la minute de la donation (948) et à défaut de cet état, par une estimation faite par un expert à juste prix et sans crue. Mais comment expliquer l'absence d'un état estimatif? La donation, sans cet état, n'est elle pas nulle ? (art. 948.) Non, pas toujours. Il y a des donations qui sont valables sans la formalité de cet état, tels sont les dons manuels et les libéralités indirectes. En supposant, du reste, que la donation fût nulle, il y aurait lieu au rapport d'une dette. Si l'estimation était inférieure à la valeur réelle du mobilier, les cohéritiers seraient admis à en faire la preuve (Voir *supr.*, ce que nous avons dit sur les donations déguisées.).

Nous avons à nous demander maintenant si la règle de l'article 868 est applicable aux meubles incorporels, comme les créances, les rentes sur l'État, les actions mobilières, les offices ? En d'autres termes, le rapport de ces meubles se fait-il en nature ou en moins prenant ? Certains auteurs, Delvinc. (t. II, p. 133), Marc. (sur l'art. 868), ont soutenu la négative. Ils s'appuient sur les travaux préparatoires. En effet, la discussion qui a eu lieu au conseil d'État n'a porté que sur les meubles corporels, sur notre article qui suppose un état estimatif, état qui n'aurait pas de raison d'être, s'il s'agissait de rentes ou de créances échappant par leur nature à l'estimation. Enfin ils disent que notre article s'éloignant des principes généraux du rapport doit être entendu restrictivement. Malgré ces raisons de douter, nous croyons qu'il faut appliquer l'article 868, même aux meubles incorporels. D'abord, pourquoi n'estimerait-on pas une créance ou une rente ? Ensuite, en admettant même qu'il ne puisse être question d'état estimatif que pour les meubles corporels, la disposition générale de la première phrase de notre article ne continuerait pas moins d'être applicable. Aux termes de l'art. 535 l'expression mobilier comprend généralement tout ce qui est censé meuble d'après les règles ci-dessus établies. Or, ceci se réfère aux art. 529, 530 qui comprennent certainement les meubles dont nous parlons. D'autre part, dans l'art. 868 le mot meuble est opposé au mot immeuble dont il a été parlé précédemment. Tout cela montre que les meubles dont il est question sont les meubles entendus dans le sens le plus général. En ce qui touche les offices, l'ancien droit décidait que le rapport devrait s'en faire en moins prenant, bien qu'ils fussent immeubles. Aujourd'hui qu'ils sont meubles dira-t-on qu'ils se rapportent en nature, c'est-à-dire que le fonctionnaire se démettra de sa charge ? Personne ne va jusque-là. Alors que devient la théorie que nous combattons ?

La loi a consacré un article au rapport de l'argent comptant, article 869. Ce rapport se fait en moins prenant dans le numéraire de la succession. Voilà le principe. En cas d'insuffisance le donataire peut se dispenser de rapporter du numéraire, en abandonnant jusqu'à due concurrence, du mobilier, et à défaut de mobilier, des immeubles. C'est là une exception à l'article 1243 aux termes duquel le créancier ne peut être contraint de recevoir une autre chose que celle qui lui est due, à l'article 830 qui déclare que les prélèvements se font autant que possible en objets de même nature.....

On a voulu appliquer cet article à tous les donataires qui doivent rapporter une valeur, soit qu'ils aient reçu des objets mobiliers ou même un immeuble. Ce dernier cas se présente si l'immeuble donné a été aliéné ou a péri par la faute du donataire. D'autres le restreignent positivement à l'hypothèse d'argent donné. Nous pensons qu'il y a lieu de distinguer. Si le donataire a reçu des objets mobiliers, il pourra obliger ses cohéritiers à prendre des immeubles à défaut de meubles. Et remarquons que décider ainsi, ce n'est pas sortir de l'article 869, et par conséquent étendre une exception. Nous avons dit plus haut que le donataire qui reçoit des objets mobiliers est réputé avoir reçu plutôt leur valeur que les objets eux-mêmes. Si nous supposons au contraire un donataire d'immeubles, les cohéritiers auraient le droit de prélever d'autres immeubles; car quand le rapport d'un immeuble se fait en moins prenant, ce n'en est pas moins toujours l'immeuble qui fait l'objet de l'obligation.

Terminons ce travail par une question que nous avons réservée plus haut celle de savoir si, sous le nom d'imputation, les enfants naturels sont tenus d'un véritable rapport.

La négative est soutenue, et par les raisons suivantes. On dit : Les enfants naturels ne sont pas héritiers, la loi n'a donc pas pu les obliger au rapport (art. 843). Ensuite, imputer , c'est fournir une certaine somme en moins prenant. Sans doute, l'article 760 renvoie aux règles du rapport; mais de renvoi n'a trait qu'aux objets qui y sont soumis, et non à la manière de l'effectuer. En conséquence, il faut appliquer aux choses données à l'enfant naturel les règles du rapport des meubles (art. 868). Le montant de la dette étant fixé invariablement au jour de la donation, s'il s'agit d'un immeuble et que cet immeuble vienne à périr par cas fortuit, il imputera toujours sa valeur sur sa part. Peu importe également les améliorations ou les détériorations.

Les fruits des choses sujettes à rapport ne sont pas même dus depuis l'ouverture de la succession. Les articles 859 et 860 ne sont pas plus applicables (Marcadé, sur l'art. 760).

D'autres ne vont pas si loin. Ils assimilent l'imputation à un rapport en moins prenant, en ce qui concerne les immeubles. Ils se placent donc pour en faire l'estimation à l'époque du décès et appliquent les articles 855, 856, 860, 861. Ce dernier système doit être rejeté *à priori*, comme arbitraire. Si l'imputation est une théorie distincte du rapport pourquoi distinguer entre les meubles et les immeubles ? (Voy. Demante, t. III, 79 *bis*.)

Pour nous, nous ne voyons dans l'imputation qu'un véritable rapport modifié par la disposition de l'article 908, c'est-à-dire par cette prescription du législateur : les enfants naturels ne pourront par donation entre vifs ou par testament rien recevoir au delà de ce qui leur est accordé au titre des successions. Plusieurs motifs nous y décident. L'enfant naturel a droit au rapport (arg. de l'art. 757). Si cela est, les héritiers légitimes doivent pouvoir le lui demander. L'article 860 renvoie aux règles établies à la section des rapports sans distinguer. C'est même là le sens grammatical, car les expressions « d'après les règles établies.....« se réfèrent à la disposition entière de l'article, comme le montre la virgule placée après « et qui serait sujet à rapport ». Et puis, il résulte du système que nous combattons, une conséquence manifestement illogique. Supposons, en effet, que l'enfant naturel ait reçu un immeuble et que cet immeuble ait augmenté de valeur dans l'intervalle de la donation à l'ouverture de la succession. Les cohéritiers lui diront : Si vous étiez légitime vous feriez le rapport en nature, et nous profiterions de l'augmentation. Donc, en précomptant sur votre part la valeur de cet immeuble au moment où il vous a été donné, vous réalisez un bénéfice à nos dépens, vous avez plus que ce qui vous reviendrait, si vous étiez légitime. Inversement, si l'on suppose que l'immeuble ait diminué de valeur, c'est l'enfant naturel qui sera en perte. Nous cherchons d'ailleurs vainement la raison qu'il y aurait d'établir une différence aussi profonde entre l'enfant naturel et les parents légitimes.

Alors notre conclusion est celle-ci : l'article 856 est applicable. L'enfant naturel doit les fruits et les intérêts de ce qu'il a reçu à compter du jour de l'ouverture de la succession. Les articles 859 et suivants nous serviront aussi de règle pour déterminer comment doit être faite l'imputation, et quelles sont les obligations respectives du donataire et des autres héritiers. Mais voici la différence. L'enfant naturel ne peut être dispensé du rapport. Qu'il renonce ou qu'il accepte il devra toujours précompter ce qu'il a reçu sur ce qui lui est accordé d'après l'article 757. Les enfants naturels rapportent, et ce qu'ils ont reçu et ce qui a été donné ou légué à leurs enfants ou à leur conjoint (art. 911).

POSITIONS

DROIT ROMAIN.

I. — La loi X, D. 37, 6 n'a pas été interpolée ; elle décide *ex mente prætoris*, tandis que la loi 1, §§ 4 et 8 se conforme à la lettre de l'édit.

II. — Il ne faut pas généraliser la décision de cette loi X et dire que l'émancipé devra la *collatio* au *suus* toutes les fois qu'il causera un préjudice, sans considérer si tous deux succèdent *eodem jure*.

III. — Dans la loi VI, D. 37, 7, Pothier suppose à tort que le *de cujus* a institué un étranger en concours avec l'émancipé, également institué.

IV. — Dans la loi II, D. 37, 7 il s'agit contrairement à l'opinion de Cujas, d'un fidéicommis fait à l'émancipé à la charge du père et dont celui-ci s'est acquitté de son vivant, bien que le disposant eût inséré la clause *post mortem patris*.

V. — L'émancipé ne rapporte pas la dot qu'il a reçue de sa femme, même en cas de prédécès de celle-ci.

VI. — L'émancipé ne peut exiger de sa sœur émancipée le rapport de sa dot, même profectice.

VII. — Sous le droit du Code, l'émancipé rapporte aux *sui* la donation que son père lui a faite.

I. — Les articles 847, 849 ne sont pas fondés sur une interposition de personnes, interposition qui aurait aujourd'hui pour conséquence une dispense tacite de rapport. Si le successible ne rapporte pas les dons faits à son fils, ou à son conjoint ; c'est qu'il n'est pas donataire.

II. — Le représentant doit rapporter ce qu'il a reçu personnellement, et ce qu'ont reçu les ascendants des degrés intermédiaires qu'il doit franchir pour arriver à la succession.

III. — L'imputation, imposée à l'enfant naturel par l'article 760, n'est autre chose qu'un rapport, modifié par les articles 908, 911.

IV. — Les donations faites par interposition de personnes, ou déguisées sous l'apparence d'un contrat à titre onéreux sont (en supposant ces dernières valables), sujettes à rapport.

V. — Le successible ne doit pas rapporter les sommes déboursées pour le paiement de ses dettes annulables ou rescindables.

VI. — Dans l'hypothèse d'un rapport de dettes, les cohéritiers de l'héritier débiteur, imputent sur sa part le montant de sa dette, et prélèvent, par préférence, à ses créanciers personnels, une portion égale sur la masse de la succession.

VII. — L'article 868 s'applique aux meubles corporels et incorporels.

VIII. — L'héritier réservataire renonçant retient seulement la quotité disponible, et non tout à la fois la quotité disponible et sa part dans la réserve.

IX. — Il ne fait pas nombre pour le calcul de la réserve.

HISTOIRE DU DROIT.

I. — A l'époque Franque, c'est l'origine et non le libre choix de la loi qui détermine la nationalité de l'individu.

II. — Le fief se rattache, par une série de transformations, à la clientèle militaire des Germains.

DROIT INTERNATIONAL.

I. — En l'absence de traités, l'extradition des personnes, accusées de crimes commis dans les limites territoriales d'un État, n'est point obligatoire pour l'État où ces personnes ont cherché un refuge.

II. — Le jugement, rendu à l'étranger, au préjudice d'un français, n'a, en France, ni force de chose jugée, ni force exécutoire. Au contraire, il a force de chose jugée, mais non force exécutoire, s'il est rendu entre étrangers, ou entre un étranger et un français, au profit de ce dernier.

DROIT PÉNAL.

I. — La diffamation d'un mort n'est pas punie par nos lois pénales.

II. — Le duel n'échappe pas à l'application de la loi pénale actuelle, quoique celle-ci ne contienne pas de dispositions spéciales sur ce point.

Vu par le président de la thèse,

E. BONNIER.

Vu et approuvé,

G. COLMET-D'AAGE.

Le vice-Recteur de l'académie de Paris,

A. MOURIER.

2253 — Abboville. — Imprimerie Briez, C. Paillart et Retaux.

ABBEVILLE. — IMPRIMERIE BRIEZ, C. PAILLART ET RETAUX.